MYTHES MAYAS ET AZTÈQUES

LÉGENDES, ART ET HISTOIRE

Adaptation française : InTexte Édition

Traduction : Nicolas Blot

Marshall Editions

The Old Brewery

6 Blundell Street

London N7 9BH

Édition : Richard Green

Responsable de publication : Claudia Martin

Direction artistique : Ivo Marloh

Iconographie : Veneta Bullen

Conception et mise en page : Tall Tree Ltd.

Production : Nikki Ingram

Imprimé en Chine

Achevé d'imprimer : 2011

Dépôt légal : deuxième trimestre 2011

ISBN : 978-2-7532-0481-2

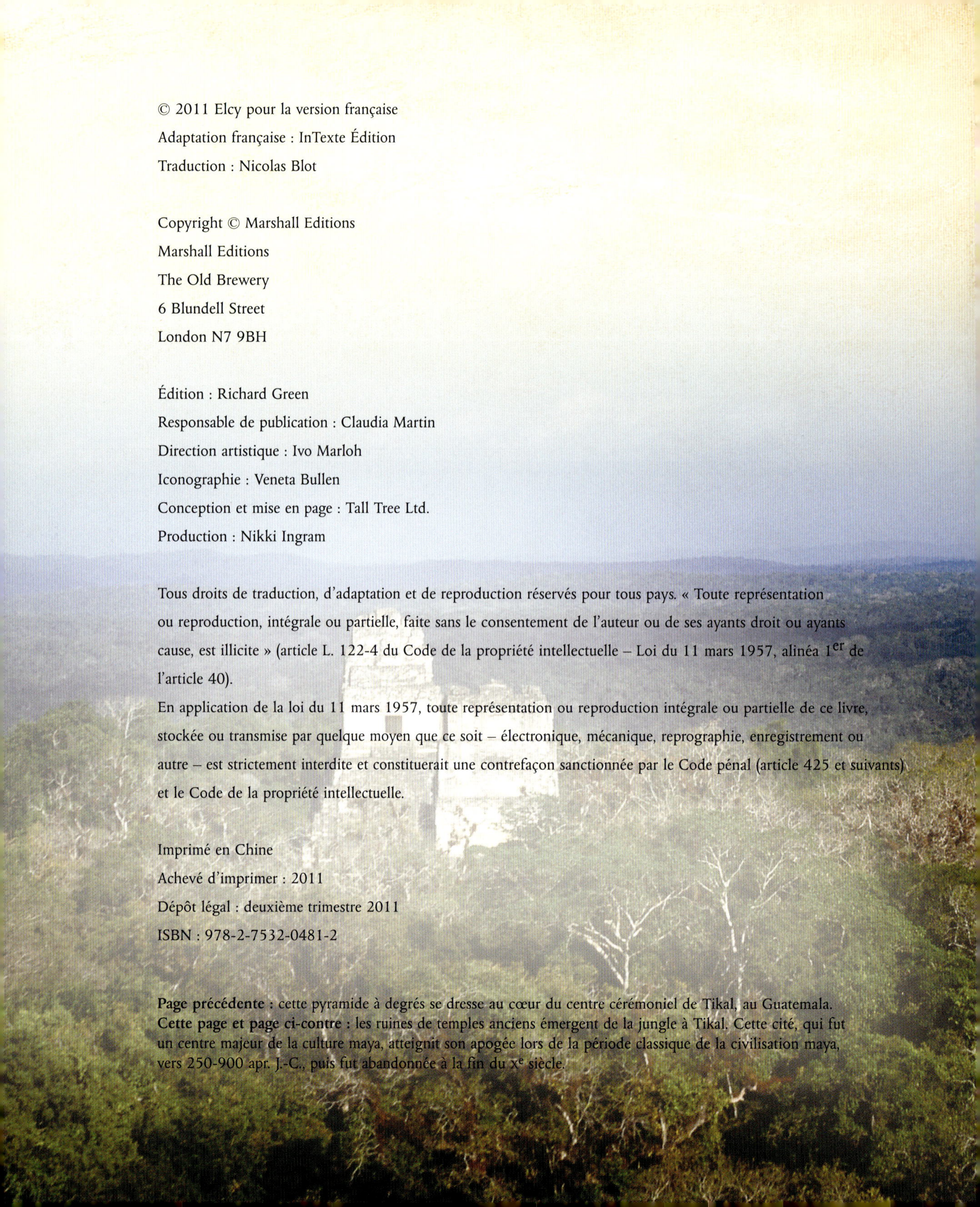

Page précédente : cette pyramide à degrés se dresse au cœur du centre cérémoniel de Tikal, au Guatemala.
Cette page et page ci-contre : les ruines de temples anciens émergent de la jungle à Tikal. Cette cité, qui fut un centre majeur de la culture maya, atteignit son apogée lors de la période classique de la civilisation maya, vers 250-900 apr. J.-C., puis fut abandonnée à la fin du Xe siècle.

MYTHES MAYAS ET AZTÈQUES

LÉGENDES, ART ET HISTOIRE

ELCY EDITIONS

SOMMAIRE

MYTHES DE LA CRÉATION AZTÈQUES

CONTES ET RÉCITS AZTÈQUES

Mythes de la création mayas

Contes des jumeaux héroïques

INTRODUCTION

Lorsque les explorateurs espagnols parvinrent en Amérique centrale, au XVIe siècle, ils y rencontrèrent deux civilisations hautement évoluées, celle des Aztèques et celle des Mayas. Les uns comme les autres avaient créé de grandes cités administrées selon des formes complexes de gouvernement ; ils s'étaient dotés de calendriers et de systèmes d'écriture perfectionnés, et leur culture reposait sur une riche mythologie par laquelle ils cherchaient à comprendre un monde naturel créé et régi selon eux par de multiples divinités.

Les Aztèques, peuple du centre du Mexique, conquirent un vaste empire au cours des XIVe, XVe et XVIe siècles. Au milieu du XIVe siècle, ils s'installèrent dans la vallée de Mexico, où ils fondèrent la grande cité de Tenochtitlan sur un groupe d'îles du lac Texcoco. Cette cité prospéra rapidement pour devenir la capitale du puissant Empire aztèque. Les Aztèques s'élancèrent de cette base à la conquête de maints autres peuples du centre et du sud du Mexique, de qui ils exigèrent des tributs sous la forme de récoltes et autres biens. L'Empire atteignit son apogée au début du XVIe siècle, mais fut détruit en 1521 par les envahisseurs espagnols ayant à leur tête Hernán Cortés (1485-1547). Assoiffés d'or, les conquistadors tuèrent l'empereur aztèque et saccagèrent Tenochtitlan.

QUI ÉTAIENT LES MAYAS ?

La civilisation maya émergea vers 1000 av. J.-C. puis s'épanouit progressivement dans l'est de l'Amérique centrale pour atteindre son âge d'or lors de la période dite classique, vers 250-900 de note ère. S'ils avaient en commun une langue, une culture et une religion, les Mayas ne disposaient ni d'un gouvernement unifié ni d'une capitale. Chacune de leurs grandes cités, telles que Tikal et Chichén Itzá, avait son propre souverain. Au cours des VIIIe et IXe siècles, la culture maya connut un déclin marqué par l'abandon de nombreuses cités des plaines centrales – ce que plusieurs facteurs peuvent expliquer, dont les sécheresses, les maladies et la surpopulation. Les Mayas survécurent cependant au Yucatán (dans l'actuel Mexique) et dans les hautes terres guatémaltèques. À partir des années 1520, les envahisseurs espagnols entreprirent de mettre la main sur les territoires mayas, mais le dernier État maya ne fut toutefois conquis qu'en 1697.

MYTHES AZTÈQUES ET MAYAS

Toutes les cultures du monde possèdent des récits traditionnels visant à éclairer des croyances, des coutumes et des rites particuliers, ou expliquer de phénomènes naturels mystérieux. Les Aztèques et les Mayas s'étaient dotés de nombreux récits de ce genre, appelés « mythes ». Les contacts entre ces deux cultures, par les migrations, le commerce et la conquête, eurent pour effet le partage de nombreux thèmes mythologiques. Les mythes méso-américains sont fascinants non seulement pour les récits qu'ils déroulent, mais aussi pour ce qu'ils révèlent de la vie, des croyances et de la culture des Aztèques et des Mayas.

Ci-dessus : cet ornement en forme de serpent bicéphale, fait de bois et de coquillages de jade, date du XVe siècle. Symbole de Tlaloc, dieu aztèque de la pluie et de la fécondité, porté par un grand prêtre, il faisait peut-être partie du trésor offert par l'empereur aztèque Moctezuma II aux conquérants espagnols.

Dans ces deux cultures, des mythes importants relataient la création du monde et sa pérennisation par les divinités, avec qui les deux peuples entretenaient des relations d'une grande intensité. Ces mythes éclairaient aussi les croyances aztèques et mayas quant à la condition humaine : comment et pourquoi les hommes furent créés, pourquoi et en quoi ils sont défaillants, pourquoi ils doivent mourir et ce qu'il advient d'eux après la mort. Des phénomènes naturels tels que la course du Soleil dans le ciel trouvaient là aussi leur explication. De plus, les origines et l'expansion de l'Empire aztèque se reflétaient dans les récits de la mythologie, par exemple la migration des Aztèques d'Aztlan, et la naissance de Huitzilopochtli, divinité tutélaire des Aztèques.

Pour les Aztèques et les Mayas, les mythes faisaient partie de l'histoire – même si les érudits abordent avec prudence les rapports entre l'histoire et les mythes. Certains épisodes, tels que l'histoire de la migration des Aztèques, pourraient avoir été fondés sur des faits ; on sait sur la foi des découvertes archéologiques que certains des lieux évoqués, par exemple les villes de Tollan et Tenochtitlan, existèrent bel et bien, mais bien souvent mythe et histoire sont si étroitement mêlés qu'il est difficile d'identifier et interpréter les faits.

Les mythes recelaient par ailleurs des leçons sur la manière appropriée de se comporter. Dans le récit aztèque du lapin et de la Lune, par exemple, ce n'est pas le vaniteux dieu Tecuciztecatl qui devient le formidable Soleil, mais le modeste et courageux Nanahuatzin. Dans les mythes mayas des jumeaux héroïques, les jumeaux tuent le monstrueux oiseau Sept-Aras, victime de son arrogance et de sa vantardise.

LES SOURCES DES MYTHES

Initialement, les mythes aztèques et mayas se transmettaient oralement. Plus tard, les deux cultures se dotèrent de systèmes d'écriture très perfectionnés et transcrivirent leurs mythes en mots et en images dans des livres manuscrits, des inscriptions gravées sur des stèles ainsi que sur des vases peints. Malheureusement, une grande partie de ces pièces fut détruite par les envahisseurs espagnols. Les sources les plus importantes dont nous disposons au sujet de la mythologie aztèque proviennent de la période qui suivit la conquête espagnole. Elles furent consignées par des Aztèques ayant appris l'espagnol et par des moines espagnols ayant étudié la langue et la culture aztèques. Les sources mayas les plus importantes furent rédigées par les Mayas eux-mêmes. À cet égard, le document majeur est le *Popol Vuh*, ou « Livre de la communauté » des Mayas quiché du Guatemala. Divisé en sections, il s'ouvre sur le mythe maya de la création, suivi des exploits des mythiques jumeaux héroïques.

Ci-dessus : cette carte montre la zone dominée par les Aztèques à l'apogée de leur puissance et de leur influence, en 1520 apr. J.-C. L'Empire aztèque s'articulait autour de la grande cité de Tenochtitlan.

Ci-contre : cette carte montre les villes et sites archéologiques majeurs des Mayas, de leurs origines jusqu'au XVIe siècle.
Ci-dessus : la localisation des terres mayas en Amérique centrale.

Les ruines de la pyramide du Soleil, dans l'ancienne cité de Teotihuacan, se dressent toujours à une quarantaine de kilomètres au nord-est de Mexico. Les Aztèques croyaient que les dieux se rassemblaient en ce lieu à la fin du Quatrième Soleil pour décider qui deviendrait le nouveau (Cinquième) Soleil.

Mythes de la création aztèques

Les Aztèques possédaient de nombreux mythes au sujet de la création de la Terre. Ils ne croyaient pas que le monde dans lequel ils évoluaient était le premier qui eût existé, mais bien qu'il y avait eu quatre créations antérieures, les quatre « Soleils », chacun anéanti dans un désastre avant que le suivant n'advînt. Ils vivaient alors à l'ère du Cinquième Soleil.

Les Aztèques croyaient qu'un jour ce monde aussi connaîtrait un terme cataclysmique, détruit peut-être par un gigantesque séisme. Cette croyance les plongeait dans une terreur permanente – ils ne savaient jamais à quel moment leur monde s'apprêtait à prendre fin. Chaque jour, ils scrutaient le lever du Soleil, qui marquait le début d'un nouveau jour. Ils faisaient des sacrifices quotidiens pour satisfaire les divinités, dans l'espoir de maintenir le Soleil en vie et de retarder d'autant leur anéantissement.

LES MONDES PASSÉS

Quatre divinités régnaient sur les quatre mondes passés: Tezcatlipoca, dieu de la nuit, sur le Premier Soleil; Quetzalcóatl, dieu du vent, sur le Deuxième Soleil; Tlaloc, dieu de la pluie, avait créé le Troisième Soleil et son épouse Chalchiuhtlicue, déesse des océans et des cours d'eau, le Quatrième. Mais tous ces éclatants nouveaux Soleils étaient voués à une fin désastreuse.

Quand le monde était plongé dans les ténèbres, dans la longue période qui précéda le Premier Soleil, le grand créateur, Ometeotl, vivait au treizième niveau des cieux, le plus élevé. Ometeotl avait quatre fils, les quatre Tezcatlipocas, à qui il confia l'immense tâche de créer les dieux et les déesses, le monde et des êtres humains pour y vivre. Les Tezcatlipocas différèrent pendant six cents ans leur ouvrage de création, puis deux d'entre eux se mirent à l'œuvre. Ils créèrent d'abord le feu, puis ils façonnèrent la Terre à partir d'un crocodile; ils fixèrent les dates du calendrier sacré et conçurent le vaste et lugubre monde souterrain de Mictlan.

LE SOLEIL JAGUAR

Ceci fait, le dieu de la nuit, le Tezcatlipoca noir, s'éleva dans le ciel et se mua en Soleil. Ainsi débuta la première création. À cette époque, il n'y avait pas d'êtres humains sur Terre, mais des géants si forts qu'ils étaient capables d'arracher les arbres des versants des montagnes et de les projeter dans les airs. Ces géants n'étaient cependant pas assoiffés de sang, ils se nourrissaient de glands, de baies et de racines.

Le règne du Tezcatlipoca noir dura 676 ans, puis son frère, le Tezcatlipoca blanc, plus connu sous le nom de Quetzalcóatl, las de voir le monde dominé par son frère, le précipita dans la mer en lui assenant un coup de son bâton géant.

LE CALENDRIER AZTÈQUE

Les Aztèques étaient fascinés par l'écoulement du temps, qu'ils mesuraient avec deux calendriers : un calendrier solaire et un calendrier sacré. Le premier, qui comptait 365 jours, se divisait en 18 mois de 20 jours, à quoi s'ajoutaient 5 jours supplémentaires. Le calendrier sacré, qui comptait 260 jours, il était employé par les prêtres aztèques pour déterminer les jours propices à certaines activités telles que les semailles ou la guerre. Les calendriers combinés engendraient des cycles de 52 ans. La fin d'un cycle était source d'angoisse ; elle était marquée par des rituels, dont celui qui consistait à laisser s'éteindre les foyers, un nouveau feu ne pouvant être allumé que quand (et si) la nouvelle année commençait – faute de quoi les terrifiants démons des ténèbres risquaient de prendre le contrôle du monde.

Ci-contre : cette sculpture aztèque est connue sous le nom de « pierre du Soleil ». Au centre, le Soleil est entouré des vingt jours que compte le mois du calendrier solaire. Les symboles représentent la croyance aztèque dans les Quatre Soleils passés et dans le Cinquième Soleil, appelé à être détruit par des séismes.

Privée de Soleil pour éclairer le ciel, la Terre se trouva plongée dans les ténèbres. Mais ce n'en était pas fini du Tezcatlipoca noir (désormais désigné sous le seul nom de Tezcatlipoca) ; dans son immense fureur, il jaillit hors de l'eau en prenant l'aspect d'un féroce jaguar.

Hurlant de rage, Tezcatlipoca courut à travers les plaines et les montagnes, battant partout le rappel des jaguars. Ces derniers se mirent alors à traquer les géants et les tuèrent jusqu'au dernier. Puis, toujours sous sa forme de jaguar, Tezcatlipoca bondit derechef dans le ciel, où il est toujours visible aujourd'hui dans la constellation que nous nommons la « Grande Ourse ».

LES SOLEILS DU VENT ET DE LA PLUIE

Quetzalcóatl, dieu du vent, prit alors la place de son frère dans les cieux ; ainsi commença la deuxième création, le Soleil du vent. Quetzalcóatl plaça un deuxième Soleil dans le ciel, et la lumière revint sur le monde enténébré. Son règne dura 364 années, durant lesquelles les habitants de la Terre, d'aspect se rapprochant de celui des êtres humains, vivaient de graines de mesquite *(Prosopis)*.

Mais la paix ne dura pas, car Tezcatlipoca était déterminé à se venger. Pendant des années, il envisagea le moyen de mettre fin au Soleil du vent.

Pour terrasser le dieu du vent, Tezcatlipoca fit appel à un gigantesque ouragan qui balaya le Soleil hors du ciel, et hors de la Terre ses habitants. Quand enfin la tempête cessa, tout était immobile et silencieux. Seules quelques créatures avaient survécu en grimpant aux quelques arbres qui tenaient encore debout. Il n'y avait plus d'hommes sur Terre, mais des singes dans les arbres, qui criaillaient dans le néant.

Quand le Soleil du vent prit fin, le grand dieu de la pluie, Tlaloc, s'éleva dans le ciel. Ainsi commença la troisième création, ou Soleil de la pluie. C'est durant cette période (si l'on en croit certaines légendes) que les êtres humains reparurent sur la Terre. Ils découvrirent l'agriculture et entreprirent notamment de cultiver le maïs.

Mais comme les deux Soleils précédents, le Soleil de la pluie était condamné. Une fois encore, Quetzalcóatl joua un rôle destructeur. Après 312 ans de règne de Tlaloc, Quetzalcóatl fit appel à un volcan qui déversa sur la Terre une pluie ardente de flammes et de feu, qui chassa le Soleil du ciel en un jour : la poignée d'hommes qui survécut à ce cataclysme fut transformée en dindons, en chiens et en papillons.

LE SOLEIL DE L'EAU

Après la fin du Soleil de la pluie, l'épouse de Tlaloc, Chalchiuhtlicue, déesse des lacs, des océans et des rivières, devint à son tour Soleil. Ainsi commença la quatrième création, marquée de nouveau par la présence des êtres humains sur Terre. Le règne de Chalchiuhtlicue dura 676 ans, soit autant que les deux créations précédentes réunies. Cette fois, c'est la déesse elle-même qui mit fin à son propre Soleil en noyant toutes choses vivantes sous une gigantesque inondation.

Le dieu Tezcatlipoca avertit du déluge un couple d'êtres humains, Nata et Nena : « Cessez tout ce que vous êtres en train de faire et construisez aussi vite que possible un bateau. Pour ce qui est des vivres, prenez un épi de maïs chacun. »

Ci-contre : masque du dieu Tezcatlipoca, fait de coquillages, de turquoise, de lignite et d'un crâne humain. Tezcatlipoca, dieu de la nuit et du nord, était le rival acharné de Quetzalcóatl.

L'UNIVERS DES AZTÈQUES

Les Aztèques croyaient que la Terre était un énorme disque entouré d'eau. De son centre, la Terre s'étirait vers les quatre points cardinaux, chacune de ces directions étant liée à l'une des divinités créatrices des Quatre Soleils (Tezcatlipoca pour le nord, Quetzalcoatl pour l'ouest, Tlaloc pour le sud et Chalchiuhtlicue pour l'est). Le Cinquième Soleil était lié au centre, sous le contrôle de Xiuhtecuhtli, le dieu du feu. Au-dessus de la Terre s'élevaient treize niveaux des cieux. Ometeotl, le créateur suprême, vivait dans les deux niveaux supérieurs. Sous la Terre, le monde de Mictlan s'étendait sur neuf niveaux.

Ci-dessous : cette illustration extraite du codex *Fejérváry-Mayer* montre le dieu du feu Xiuhtecuhtli au centre de l'Univers.

Sans hésiter, Nata et Nena s'exécutèrent aussitôt. Ils abattirent un grand cyprès et en évidèrent le tronc pour se construire une embarcation. À bord, ils bâtirent une petite cabine, où ils pourraient s'abriter de la pluie. Ils achevèrent leur ouvrage juste à temps. À peine en avaient-ils terminé que le déluge s'abattit. Il dura 52 ans et noya jusqu'aux plus hautes montagnes.

Grâce à leur bateau, Nata et Nena furent les seuls à être épargnés, mais leurs épis de maïs ne durèrent guère, et ils furent rapidement tenaillés par la faim.

« Où donc allons-nous trouver de la nourriture ? s'écria Nata. Il n'y a que de l'eau à perte de vue ! »

Ils montèrent sur le toit de leur cabine pour observer les environs et virent alors que la vie pullulait dans l'eau : tous les êtres humains avaient été changés en poissons !

« Nous ne souffrirons plus jamais de la faim ! » s'exclamèrent Nata et Nena.

Nata fabriqua une canne à pêche avec des bâtons, tandis que Nena préparait un feu. Nata et Nena mangèrent alors quatre gros poissons – ils n'avaient jamais rien mangé d'aussi bon.

Tout à leur festin, ils ne remarquèrent pas que la fumée de leur feu s'élevait jusque dans les treize niveaux des cieux. L'odeur incommoda certains dieux, qui se plaignirent à Tezcatlipoca. Furieux, celui-ci annonça à Nata et Nena qu'ils seraient châtiés pour lui avoir désobéi en mangeant plus que leur épi de maïs. Il les changea alors en chiens ; ainsi prit fin la quatrième création – le Soleil de l'eau.

UNE NOUVELLE TERRE, UN NOUVEAU CIEL

Après de longues années, les eaux se retirèrent, laissant derrière elles une Terre dévastée. Les querelleurs Tezcatlipoca et Quetzalcóatl durent mettre de côté leurs différends pour créer un nouveau monde. Dans leurs voyages, ils rencontrèrent la monstrueuse démone de la Terre Tlaltecuhtli, qui nageait dans les eaux déversées par le déluge. Les dieux se jetèrent sur Tlaltecuhtli, la tuèrent et jetèrent sa queue dans le ciel pour créer les cieux. Puis ils façonnèrent la Terre à partir de sa tête. Arbres, fleurs et herbes poussèrent de ses cheveux et de sa peau. Ses yeux devinrent de petites grottes et des sources, de sa bouche naquirent de grandes rivières et des cavernes, de son nez, de profondes vallées et de hautes montagnes.

LA RELIGION AZTÈQUE

La religion était une force très puissante dans le monde aztèque, force qui s'exerçait aussi bien sur l'empereur que sur les plus misérables des esclaves et des prisonniers. Les Aztèques croyaient que les dieux régissaient toute chose. S'il était vain d'aller contre leur volonté, il était parfois possible de les influencer par des offrandes et des sacrifices.

Tlaloc
Tlaloc (ci-contre), dieu aztèque de la pluie et du maïs (principale denrée des Aztèques), était fort redouté car il pouvait punir les hommes en détruisant leurs récoltes par la sécheresse ou l'inondation. Tlaloc régnait avec sa première épouse, Xochiquetzal, sur Tlalocan, le quatrième des paradis aztèques.

DIEUX ET DÉESSES

Les Aztèques adoraient de nombreux dieux et déesse, des divinités de la nature notamment, dont certaines étaient adorées depuis des millénaires par les peuples du Mexique. Huitzilopochtli, dieu du Soleil et dieu de la guerre, était aussi le dieu tribal des Aztèques, sans qui nulle vie n'aurait existé sur Terre.

Xipe Totec
Xipe Totec, dieu du renouveau de la nature, porte ici la peau d'une victime de sacrifice. Les prêtres revêtaient ainsi la peau des sacrifiés, écorchés vifs en l'honneur de Xipe Totec, ce qui représentait de façon symbolique les plantes du printemps recouvrant la Terre d'une nouvelle « peau ».

Quetzalcóatl
Ce masque de turquoise figure Quetzalcóatl, dieu du vent qui représentait les forces de la nature et qui créa le monde avec son frère Tezcatlipoca. Dieu tutélaire des prêtres, Quetzalcóatl inventa les livres et le calendrier.

OFFRANDES AU DIEU SOLEIL

Pour s'assurer que Huitzilopochtli s'élève chaque jour dans le ciel, les Aztèques lui offraient des êtres humains en sacrifice, dans des temples pyramidaux. Les prêtres et prêtresses qui présidaient à ces sacrifices se peignaient la peau en noir, pour traduire le caractère sacré de leur rôle.

Mictlantecuhtli
Le redoutable Mictlantecuhtli, dieu des morts, était représenté comme un squelette dans la statuaire aztèque. Les morts de mort naturelle allaient dans son royaume de Mictlan, glacial et lugubre monde souterrain où il vivait avec son épouse Mictecacihuatl. Mictlantecuhtli était associé aux araignées, aux hiboux et aux chauves-souris, animaux de l'inframonde.

LE LAPIN ET LA LUNE

À la suite de la création de la nouvelle Terre et du nouveau ciel, le monde demeura dans les ténèbres, le Quatrième Soleil ayant été détruit par le déluge. De longues années s'écoulèrent ainsi, puis les dieux se réunirent dans l'ancienne cité de Teotihuacan pour décider qui deviendrait le nouveau Soleil.

Les puissants dieux se rassemblèrent dans l'obscurité pour envisager la manière de sauver le monde. Lequel d'entre eux deviendrait le nouveau Soleil et prendrait en charge ce lourd fardeau ? Lequel d'entre eux deviendrait la nouvelle Lune, pour apporter la lumière quand le Soleil ne le faisait ?

À l'issue d'une longue discussion, deux des dieux se portèrent volontaires pour faire le sacrifice de devenir le Soleil : Tecuciztecatl, beau et orgueilleux jusqu'à la vanité, et Nanahuatzin, pauvre et laid, défiguré par d'horribles bubons. Les deux candidats n'auraient pu être plus différents, ce qui plaça les dieux devant un choix des plus difficiles.

DES DIEUX À L'ÉPREUVE

Avant de prendre leur décision finale, les dieux imposèrent à Tecuciztecatl et Nanahuatzin une série d'épreuves afin que ces derniers fissent la preuve de leur valeur. Deux grandes collines furent édifiées à cette intention. Durant quatre jours et quatre nuits, les deux concurrents jeûnèrent et firent pénitence, tandis que les dieux préparaient le bûcher du sacrifice. Ces collines sont toujours visibles à Teotihuacan : ce sont les pyramides du Soleil et de la Lune.

Au cours de leur jeûne, Tecuciztecatl et Nanahuatzin firent des offrandes aux dieux. Tecuciztecatl, toujours prêt à étaler sa fortune, se vêtit des robes les plus somptueuses. Ses offrandes étaient faites des matières les plus délicates ; plutôt que des branches de sapin traditionnelles, il offrit de coûteuses plumes de quetzal ; plutôt que de boules d'herbes, des sphères d'or ; plutôt que des épines de cactus plongées dans son propre

Ci-dessus : vestiges de la pyramide de la Lune à Teotihuacan, au Mexique. Selon la légende aztèque, c'est à Teotihuacan que les dieux se réunirent pour savoir lesquels d'entre eux deviendraient le nouveau Soleil et la nouvelle Lune. Nanahuatzin devint le Soleil, et Tecuciztecatl, la Lune.

sang, des éclats de jade ornés de corail rouge. L'encens même qu'il brûlait était des plus rares. L'humble Nanahuatzin, quant à lui, ne pouvait espérer rivaliser avec cette magnificence. Vêtu de haillons faits de papier d'amate, il n'avait à offrir que des brassées de roseaux à la place des branches de sapin et des boules d'herbe. Jade et corail étaient bien loin de ses maigres moyens : son sang ruisselait de ses épines de cactus. Pour faire de l'encens, il arracha les croûtes de ses plaies. Tecuciztecatl s'esclaffa devant ce spectacle.

Une fois les quatre jours et les quatre nuits écoulés, les dieux menèrent Tecuciztecatl et Nanahuatzin vers le bûcher. Se tenant en cercle autour du foyer, ils ordonnèrent à Tecuciztecatl de sauter dans les flammes.

« J'obéirai », répondit un Tecuciztecatl avec un grand sang-froid.

Il courut vers le feu, mais recula devant la chaleur intense. Il essaya de nouveau, mais n'eut pas le courage d'effectuer le dernier bond dans les flammes. Par quatre fois Tecuciztecatl courut vers le feu, et par quatre fois il recula. Il était moins brave qu'il le croyait.

Les dieux appelèrent alors Nanahuatzin et émirent le même ordre.

« J'obéirai », répondit Nanahuatzin.

Il ferma les yeux, prit une profonde inspiration pour se concentrer, puis courut courageusement vers le feu. Sous le regard médusé des autres divinités, son corps crépita bientôt dans les flammes. C'est ainsi que l'humble mais vaillant Nanahuatzin gagna le droit de venir le nouveau Soleil. Tecuciztecatl regarda la scène avec étonnement. Il était embarrassé et se sentait honteux de sa couardise. Dans un grand élan, il se jeta alors à son tour dans les flammes, et y brûla.

Un aigle et un jaguar suivirent les dieux dans les cendres du feu. C'est de cette manière que la pointe des plumes de l'aigle se couvrit de noir, et que le jaguar vit sa robe se tacher de noir.

LA LUNE ET LE SOLEIL

Après le trépas de Tecuciztecatl et Nanahuatzin, les autres dieux attendirent avec angoisse le premier jour de la nouvelle ère. Lentement mais sûrement, le ciel se mit à rougeoyer. Enfin, l'aube vint à poindre! Les dieux tendirent le cou pour voir où allait apparaître le courageux Nanahuatzin, puis, émerveillés, ils le virent s'élever à l'est, en nouveau Soleil. Nanahuatzin n'avait plus rien de faible ni de maladif, mais étincelait d'un tel éclat que les dieux ne purent le regarder en face.

Désireux de n'être pas surpassé, Tecuciztecatl s'éleva lui aussi dans le ciel, en nouvelle Lune, brillant d'un éclat aussi vif que celui du Soleil – à tel point que les dieux craignirent que la Lune n'étincelât bientôt plus que le Soleil.

Aussitôt, l'un des dieux se saisit d'un lapin qui gambadait dans les parages et le jeta à la face de la Lune, en atténuant ainsi l'éclat. Voici pourquoi la Lune brille moins que le Soleil, et pourquoi, aujourd'hui encore si l'on observe les motifs tracés par les cratères et les « mers » à sa surface, la Lune semble arborer la forme d'un lapin.

SACRIFICES HUMAINS

Les Aztèques croyaient que si on ne nourrissait plus les dieux de cœurs et de sang humains, ces derniers mourraient ; or, si cela advenait, le Soleil ne s'élèverait plus dans le ciel, la pluie ne tomberait plus, et tout périrait sur Terre. La plupart des sacrifiés étaient capturés par les Aztèques lors des guerres menées contre les États voisins – ces guerres des Fleurs avaient pour seul objet de se procurer des captifs à immoler. Les victimes des sacrifices étaient assurées d'une existence heureuse dans l'au-delà. Après avoir été pendant quatre ans « compagnons du Soleil », les sacrifiés revenaient sur Terre sous la forme de papillons ou des colibris.

Ci-dessous : ces couteaux de pierre ornés de coquillages, mis au jour parmi les ruines du Grand Temple de Tenochtitlan, servaient à immoler les victimes des sacrifices.

Le Serpent à plumes et les ossements

Le ciel ayant retrouvé un Soleil, la lumière revint sur un nouveau monde, dont les hommes étaient toujours absents. On décida alors que le Serpent à plumes, Quetzalcóatl, irait braver l'inframonde pour en rapporter les matériaux nécessaires à la création d'êtres humains. Cette mission s'annonçait fort périlleuse car Mictlantecuhtli, seigneur des morts, voyait d'un très mauvais œil les intrusions en son royaume.

Pour réaliser des hommes, les dieux avaient besoin des ossements des derniers êtres humains à avoir vécu sur Terre – ceux-ci avaient été changés en poissons lors du déluge qui avait mis fin au Quatrième Soleil. Ces précieux ossements étaient entreposés dans le monde souterrain de Mictlan, domaine de mort et de ténèbres où des vents glacials et de terrifiants démons se tenaient prêts à dépecer les infortunés visiteurs. Pire encore, les ossements ne pouvaient être atteints qu'au prix d'un affrontement avec Mictlantecuhtli, le terrible seigneur des morts, dont le regard seul pouvait faire mourir de frayeur. Vêtu de bandelettes de papier d'amate, Mictlantecuhtli avait l'apparence d'un squelette aux cheveux noirs et bouclés où étincelaient des étoiles. Les énormes mains de Mictlantecuhtli, semblables à des serres, ne laissaient guère de chances de survie.

LA QUÊTE DES OSSEMENTS

Seul un dieu était considéré comme assez courageux pour affronter Mictlantecuhtli en son propre royaume : Quetzalcóatl, dieu du vent. Celui-ci accepta volontiers de descendre aux enfers, accompagné de son fidèle chien Xolotl, dieu des monstres. Le simple fait de pénétrer dans Mictlan était dangereux – Quetzalcóatl eut à subir de terribles épreuves. Il faillit tout d'abord périr brûlé et ne parvint à s'enfuir qu'en se changeant en oiseau, puis il fut tout près d'être décapité et se sauva en se transformant en étole.

Enfin, dans la partie la plus obscure et la plus effrayante de Mictlan, Quetzalcóatl se trouva face à Mictlantecuhtli. Il lui demanda les ossements des hommes-poissons.

« Mais qu'en feras-tu, Quetzalcóatl ? ricana Mictlantecuhtli en faisant craquer ses phalanges osseuses. Et pourquoi devrais-je te donner ces os ? Dis-le-moi, si tu oses ! »

« Nous, les dieux, avons créé un nouveau monde, répondit Quetzalcóatl, et nous voulons le repeupler. Je ferai des hommes avec les os que tu me donneras. Tu dois me les remettre, c'est là ta destinée. »

Mais le rusé seigneur de la mort n'avait nulle intention de se défaire aussi aisément des ossements : il donna donc à Quetzalcóatl une tâche qu'il jugeait impossible à accomplir.

Ci-contre : le dieu Quetzalcóatl (illustration du *Codex Borbonicus*). Dans la mythologie aztèque, Quetzalcóatl dut s'affranchir de multiples épreuves et se jouer de Mictlantecuhtli, dieu de la mort, pour rendre possible la création des hommes.

« Tu dois faire quatre fois le tour de l'inframonde, déclara Mictlantecuhtli, tout en soufflant dans une conque. »

Cela semblait assez simple… à ceci près que la conque remise par Mictlantecuhtli à Quetzalcóatl n'avait pas d'orifice. Elle ne pouvait donc émettre de son, quelle que fût la force avec laquelle on soufflait. Mais Quetzalcóatl demanda alors à des vers de percer des trous dans la conque, et à des abeilles de voler à l'intérieur. Puis il souffla dans la conque, qui émit un puissant vrombissement. En entendant les appels de la conque, Mictlantecuhtli comprit qu'il devait remettre les ossements, ce qu'il fit de fort mauvaise grâce. Mais à peine eut-il remis les os à Quetzalcóatl qu'il se mit à chercher le moyen de les lui reprendre. Alors que Quetzalcóatl quittait le monde souterrain, Mictlantecuhtli eut une idée : il ordonna à ses démons de creuser une profonde fosse sur le chemin du dieu vainqueur. Quand Quetzalcóatl approcha, une volée de cailles s'envola devant lui. Surpris, Quetzalcóatl trébucha dans la fosse, laissant échapper le sac qui contenait les ossements. S'extirpant du trou et ramassant les os éparpillés, le dieu s'aperçut que nombre d'entre eux étaient brisés, en petits et en gros fragments. Les cailles picoraient ceux qui n'étaient pas déjà réduits en miettes. C'est

Ci-contre : l'effrayante Mictecacihuatl aux redoutables dents, épouse de Mictlantecuhtli, surveillait les ossements des défunts et présidait aux fêtes des morts dans l'inframonde.

LA VIE APRÈS LA MORT

Les Aztèques croyaient en un paradis et un enfer. Il y avait treize niveaux dans le paradis et neuf dans l'enfer. La destination de l'âme après le trépas dépendait de la manière dont on était mort plutôt que de celle dont on avait vécu. Les guerriers qui étaient morts au combat et les victimes de sacrifices se rendaient à Tonatiuh, le paradis du Soleil, mais la plupart des défunts allaient à Mictlan. Le pénible voyage à travers les neuf niveaux de cet inframonde prenait quatre années ; il était jalonné d'épreuves pour l'âme, qui devait notamment franchir un profond cours d'eau, se trouvait soumise à un vent glacial, se voyait transpercée de flèches, devait affronter des bêtes sauvages... En vue de ce voyage, les morts étaient inhumés en position accroupie, avec des provisions : de l'eau, des offrandes destinées à Mictlantecuhtli et, pour guider l'âme, un chien que l'on sacrifiait dans le cadre des rites funéraires.

pourquoi les hommes qui furent plus tard créés par Quetzalcóatl se présentaient sous des formes et des tailles variées.

UN NOUVEAU PEUPLE

S'étant enfin échappé du monde souterrain, le vaillant Quetzalcóatl rapporta le sac d'ossements aux dieux, qui s'étaient réunis dans le paradis de Tamoanchan pour attendre son retour.

Quetzalcóatl donna les os à la vieille déesse-mère, Cihuacoatl, qui les réduisit en fine poudre qu'elle plaça dans un pot spécial. Puis elle demanda aux dieux un peu de leur sang.

Les dieux s'assemblèrent autour du pot, se piquèrent la langue et le lobe des oreilles pour que leur sang gouttât sur la poudre. Cihuacoatl remua le tout pour obtenir une pâte épaisse.

Les yeux attendirent de voir ce qui allait se produire. Il leur fallut être patients. Finalement, après quatre jours, un petit garçon surgit de la pâte ; quatre jours encore, et une petite fille apparut. C'est ainsi que des êtres humains furent tirés des ossements des hommes-poissons et du sang des dieux.

La fourmi rouge et le maïs

Les hommes étaient revenus sur Terre, mais ils n'avaient rien à manger. Tous les dieux se mirent donc en quête de nourriture afin de les maintenir en vie et de leur donner des forces. Une fois encore cependant, c'est le dieu du vent Quetzalcóatl qui sauva la situation. Il parvint à trouver la source du maïs, qui devint la principale denrée des Aztèques, et du *pulque*, leur boisson favorite.

Les dieux quittèrent le paradis de Tamoanchan pour partir dans les quatre directions à la recherche de nourriture. Des jours durant ils sillonnèrent la Terre dans ses moindres recoins, mais en vain. Un jour pourtant, Quetzalcóatl remarqua une fourmi rouge qui portait un grain de maïs.

« D'où vient cette nourriture ? », demanda-t-il à la fourmi.

L'insecte refusa de lui révéler sa cachette et s'enfuit en hâte. Piqué par la curiosité, Quetzalcóatl suivit la fourmi jusqu'au mont Tonacatepetl, mythique montagne de la Subsistance. Il vit alors la fourmi rouge disparaître par une minuscule anfractuosité du rocher. Que pouvait donc bien se dissimuler au cœur de la montagne ? Et pourquoi était-ce si précieux, au point d'en garder le secret ? Quetzalcóatl était bien décidé à percer ce mystère. Vif comme l'éclair, il se transforma en minuscule fourmi noire et suivit la fourmi rouge dans les profondeurs de la montagne. À sa grande stupéfaction, l'insecte le conduisit vers une salle emplie jusqu'au plafond de grains de maïs.

Quetzalcóatl se saisit de quelques grains de maïs et les rapporta à Tamoanchan, où les dieux attendaient.

« Que nous as-tu rapporté, Quetzalcóatl ? demandèrent-ils. Il vaudrait mieux que cela soit bon, car les gens ont faim. »

Goûtant le maïs, les dieux le trouvèrent délicieux. Ils en pilèrent et donnèrent cette bouillie aux bébés, qui grandirent en bonne santé, pour le plus grand plaisir des dieux.

L'AGRICULTURE

Les paysans aztèques travaillaient très dur pour cultiver les aliments destinés à les nourrir et à accomplir des offrandes. Les modes de culture différaient selon les régions de l'Empire. Dans le sud, on défrichait la forêt pluviale pour ménager de petits champs où l'on produisait du cacao, de la papaye et de l'ananas. Dans les hautes terres arides, on taillait des terrasses à flanc de colline pour accroître les superficies cultivables et y produire du maïs (aliment de base des Aztèques), des haricots et des courges. De nouvelles terres cultivables, les *chinampas*, furent gagnées sur les lacs et les marécages, dont ces « jardins flottants » très productifs utilisaient les riches boues noirâtres, extrêmement fertiles.

Ci-contre :
la construction d'une *chinampa* par des paysans aztèques. On commençait par délimiter avec des pieux une étroite bande dans le lac, puis on construisait la *chinampa* au moyen d'épais tapis de végétation aquatique et de boue. Des saules étaient plantés sur le pourtour de la *chinampa* afin qu'elle ne se délite pas.

Ceux-ci décrétèrent alors que chacun être humain devait avoir en sa possession ce nouvel aliment si nourrissant. Mais comment allaient-ils réussir à extirper le maïs de sa cachette ?

FENDRE LA MONTAGNE

Pendant plusieurs jours, les dieux s'interrogèrent sur ce qu'ils devaient faire, puis Quetzalcóatl eut une idée. Il entoura la montagne d'une immense corde et tenta de l'emporter, mais même un dieu aussi puissant que lui n'était pas assez fort pour déplacer la montagne.

Les dieux se tournèrent alors vers un couple de vieillards, Oxomoco et Cipactonal, dotés du pouvoir de lire l'avenir. Les dieux leur demandèrent comment faire pour se procurer la nourriture contenue dans

Ci-dessus et ci-contre: les Aztèques vénéraient plusieurs divinités du maïs, liées à différents stades de la croissance de la plante. Xilonen (ci-dessus), « Jeune Épi de Maïs », était la déesse des premières pousses. Chicomecoatl (ci-contre), « Sept Serpents », était lié à la moisson du maïs. Lors des festivités en son honneur, en avril ou mai, les Aztèques décoraient leurs logis d'épis de maïs, et les prêtres bénissaient les stocks de maïs dans les temples.

le mont Tonacatepetl. Oxomoco et Cipactonal réfléchirent longuement avant de déclarer que les dieux devraient faire appel à Nanahuatzin, le dieu qui était devenu le Cinquième Soleil : ce dernier saurait les aider.

Les dieux convoquèrent donc Nanahuatzin et, comme l'avaient prophétisé Oxomoco et Cipactonal, il les aida à se procurer les grains. Assisté des quatre dieux de la pluie et de la foudre, – les tlalocs bleu, rouge, blanc et jaune – Nanahuatzin fendit le mont Tonacatepetl, éparpillant les grains alentour. Les tlalocs s'emparèrent de grains de maïs, de graines de haricots, d'autres plantes et semences. C'est pourquoi les tlalocs, dieux de la pluie nourricière, devinrent en outre les divinités des cultures que les hommes pratiquaient dans les champs.

LA BOISSON SACRÉE

La nourriture abondait désormais, et pourtant les hommes n'avaient guère de motifs de satisfaction. Quetzalcóatl remarqua que les êtres humains ne dansaient ni ne chantaient jamais. Il fallait leur remonter le moral, et justement Quetzalcóatl avait ce qu'il fallait : une délicieuse boisson, que tous apprécieraient. Il entreprit aussitôt d'aller sillonner les treize paradis jusqu'à rencontrer Mayahuel, la merveilleuse déesse de l'agave.

Quetzalcóatl et Mayahuel s'éprirent follement l'un de l'autre, et Quetzalcóatl la ramena sur Terre, où, en témoignage de leur passion, ils se transformèrent en un grand arbre fourchu dont Quetzalcóatl était une branche et Mayahuel l'autre. Malheureusement, Mayahuel était apparentée aux démons de la nuit qui menaçaient en permanence de détruire le monde. Furieuse de la disparition de Mayahuel, la grand-mère démone suivit le couple jusque sur la Terre, à la tête d'une armée de terrifiants démons fauteurs de souffrances et de malheurs.

Les démons parcoururent le ciel en suivant d'antiques chemins de ténèbres jusqu'à trouver le grand arbre sur lequel ils fondirent aussitôt ; l'arbre se fendit en deux, et les deux branches s'abattirent sur le sol. Les démons se pressèrent alors pour arracher leur vengeance.

Poussant d'horribles cris, ils dépecèrent le corps de Mayahuel et en engloutirent les morceaux avant de repartir comme ils étaient venus.

Le cœur brisé, Quetzalcóatl rassembla les os de Mayahuel pour les inhumer ; tout en creusant la tombe, il versa des larmes de chagrin qui arrosèrent la Terre. Plus tard, le premier agave poussa sur la tombe de Mayahuel. Avec la sève de ce cactus, les hommes apprirent à confectionner une boisson, le pulque, qui devint bientôt leur breuvage préféré.

Le Popocatepetl dresse sa cime couronnée de neige à quelque 70 km au sud-est de l'actuelle mégalopole de Mexico. Selon la légende aztèque, Popocatepetl était un guerrier qui s'éprit d'une belle princesse. Celle-ci mourut, et le guerrier en conçut un tel chagrin qu'il se donna la mort ; les dieux le transformèrent alors en volcan.

Contes et récits aztèques

La qualité d'une récolte, la victoire au combat, la santé et la prospérité, et même le lever du Soleil dépendaient – du moins les Aztèques le croyaient-ils – de la volonté des dieux. Les Aztèques adoraient un nombre déconcertant de divinités, certaines fort anciennes et d'autres issues du panthéon de civilisations conquises par les Aztèques. Ils pensaient que les déesses et les dieux avaient été créés par le dieu Ometeotl, prenant l'apparence féminine d'Omecihuatl et celle, masculine, d'Ometecuhtli – parents des divinités créatrices. La légende veut qu'Omecihuatl ait donné le jour à 1 600 dieux et déesses (ce nombre n'étant pas à prendre au pied de la lettre mais signifiant une quantité si grande qu'elle en était « innombrable »). Chacune des divinités aztèques était susceptible de prendre maintes apparences. Quetzalcóatl, par exemple, pouvait être le Serpent à plumes ou le dieu du vent Ehecatl, parmi bien d'autres formes.

Les Aztèques consultaient les dieux pour tous les actes de la vie quotidienne, et ils accomplissaient de nombreux rituels et cérémonials pour tenter de se gagner leur faveur. Ils multipliaient en outre les récits des épreuves, des tribulations et des aventures des dieux.

LA PLACE DU CACTUS

Les Aztèques n'avaient pas toujours vécu dans la vallée de Mexico. Leurs ancêtres avaient surgi longtemps auparavant de l'une des sept cavernes sacrées de Chicomoztoc, dans la région aride et désolée d'Aztlan (« lieu des Hérons »), dans le nord lointain. De là, ils entreprirent une longue quête pour trouver une terre où s'établir. Lors de cette errance, qui les mena vers la vallée de Mexico, ils furent guidés par le grand dieu Huitzilopochtli.

Dès les premiers instants de son existence, le dieu de la guerre Huitzilopochtli était destiné à être un grand guerrier. On dit même qu'il naquit en armes. Sa mère était la déesse de la terre Coatlicue. Elle était connue pour sa robe de serpents et était prêtresse d'un sanctuaire montagnard situé à Coatepec, près de l'antique cité de Tollan (ou Tula). Un jour, alors que Coatlicue balayait le sanctuaire, elle remarqua une petite boule de plumes de colibri aux couleurs éclatantes. Plutôt que de jeter les plumes, elle préféra les glisser dans sa ceinture, puis les oublia. Plus tard, lorsqu'elle les chercha, elle se rendit compte que les plumes avaient disparu. Or, peu après, Coatlicue s'aperçut que la boule de plumes l'avait miraculeusement rendue enceinte.

LA NAISSANCE DE HUITZILOPOCHTLI

Coatlicue avait déjà une fille, la déesse de la lune Coyolxauhqui, ainsi que 400 fils belliqueux, les Centzon Huitznahuac. Lorsque la fille et les fils de Coatlicue découvrirent que leur mère était enceinte, ils en conçurent une telle rage qu'ils décidèrent de la tuer. Dans son sanctuaire de la montagne, Coatlicue, qui était terrifiée, les entendit conspirer. Puis elle perçut une autre voix qui provenait de ses propres entrailles.

Ci-contre : Coatlicue, mère de Huitzilopochtli, déesse de la Terre, de la vie et de la mort, était également connue comme « la dame aux jupes de serpents » ; on la voit ici porter, outre une jupe de serpents entortillés, un collier de crânes, de mains et de cœurs humains.

« N'aie pas peur, disait la voix. L'enfant qui va naître te protégera. » Prêts pour le combat, les Centzon Huitznahuac suivirent leur sœur jusqu'à Coatepec. Armés de couteaux, ils gravirent la montagne jusqu'au temple de leur mère. Alors qu'ils s'apprêtaient à l'attaquer Huitzilopochtli naquit, vêtu en guerrier. Son visage, ses bras et ses jambes étaient peints en bleu vif, et il portait des plumes de colibri sur la tête ainsi qu'à la jambe gauche. D'une main il tenait un bouclier orné de plumes d'aigle, de l'autre le serpent de feu qui guidait le Soleil dans le ciel. Maniant cette arme redoutable, il tua Coyolxauhqui et coupa sa dépouille en morceaux, qui dévalèrent la montagne. Puis il tua nombre de ses frères, permettant à quelques survivants de s'enfuir vers le Sud. C'est ainsi que Huitzilopochtli devint le grand dieu des Aztèques, leur guide et protecteur. Sous son autorité, les Aztèques délaissèrent leurs humbles origines d'Aztlan et entreprirent la longue marche vers la Vallée de Mexico, où ils allaient s'établir.

GUERRE ET GUERRIERS

La puissance des Aztèques reposait sur leurs qualités de guerriers. La guerre faisait partie de l'existence. Ils guerroyaient pour agrandir l'Empire et capturer des prisonniers afin de les sacrifier à leurs divinités. L'objectif suprême d'un Aztèque était de connaître la réussite en tant que guerrier; on attendait de lui qu'il fût courageux, noble et respectueux des dieux. Les guerriers qui manifestaient de la bravoure au combat étaient récompensés par des terres et un statut social élevé. L'empereur, les prêtres et les nobles étaient les principaux chefs de guerre. Les nobles les plus vaillants pouvaient intégrer l'un des deux prestigieux ordres militaires – les chevaliers-aigles et les chevaliers-jaguars – associant talents guerriers et vœux religieux. Costumés, ils étaient les soldats les mieux considérés de l'armée aztèque, qu'ils menaient à la guerre.

Ci-contre : cette sculpture de glaise grandeur nature figure un chevalier-aigle aztèque équipé d'un casque et d'une armure lui donnant l'apparence du rapace. Cette effigie fut mise au jour à Tenochtitlan, où se réunissaient les chevaliers-aigles. Elle y montait la garde près du Grand Temple. L'aigle symbolisait le Soleil et les chevaliers-aigles étaient les soldats du Soleil.

LE GRAND VOYAGE

Comme l'avait prédit Huitzilopochtli, sept peuples émergèrent des sept cavernes de Chicomoztoc et quittèrent un à un la région d'Aztlan. Mais les Aztèques ne furent pas autorisés à partir immédiatement. Alors que les six premiers peuples partaient, Huitzilopochtli ordonna aux Aztèques de rester et d'allumer un feu cérémoniel, signe que de grandes choses étaient sur le point de se produire. En tête de la marche, quatre porteurs connus pour leur dévotion portaient une statue de Huitzilopochtli en or et interprétaient ses déclarations.

Chaque jour, le dieu parlait aux Aztèques pour leur dire quelle route prendre. Quand Huitzilopochtli leur disait de continuer ou de s'arrêter, ils lui obéissaient. Les Aztèques se dirigèrent vers le sud à travers des terres arides, hérissées de cactus. Peu après le début de leur parcours, ils arrivèrent à un magnifique jardin regorgeant de fleurs merveilleusement parfumées et ombragé par un arbre immense. Ce lieu semblait être parfait pour les Aztèques. Très heureux, ils édifièrent un temple en l'honneur de Huitzilopochtli et célébrèrent la fin de leur voyage par un somptueux festin. C'est alors que le désastre survint : alors qu'ils festoyaient, le grand arbre se fendit en deux dans un bruit assourdissant, ce qui augurait du pire.

Ci-contre : illustration réalisée sur du papier en écorce de ficus, extraite d'un codex aztèque du XVIe siècle et figurant une partie du long cheminement des Aztèques vers le lac Texcoco.

Les Aztèques en furent horrifiés. Tremblant de peur, ils s'assemblèrent en cercle pour entendre ce que Huitzilopochtli avait à dire.

« Vous devez quitter ce lieu immédiatement, déclara-t-il de sa voix gazouillante. Poursuivez votre voyage. Il ne serait pas sûr de rester ici. »

Les Aztèques se lamentèrent à la perspective de devoir abandonner ce paradis. Le cœur lourd, ils reprirent leur errance derrière les porteurs de dieu. Ils firent maintes haltes en chemin, demeurant ici vingt ans ou plus, construisant des temples et même des terrains de jeu de balle, créant là des champs pour y cultiver le maïs, les piments, les haricots et d'autres denrées. Ils chassèrent les animaux des forêts, capturèrent des victimes humaines à sacrifier aux dieux. Mas toujours ils repartaient, comme Huitzilopochtli le leur ordonnait, laissant derrière eux les vieillards et les malades incapables de suivre l'allure. Finalement, après cent longues années de voyage, Huitzilopochtli mena les Aztèques sur les rives du lac Texcoco. Ils s'installèrent sur une colline appelée Chapultepec, où une source jaillissait des rochers. Sur ces lieux, ils se mirent au service du roi de Culhuacan en tant que soldats, mais ils ne furent pas longtemps appréciés dans le royaume. Un jour, sur l'ordre de Huitzilopochtli, les Aztèques enlevèrent la fille du roi et la sacrifièrent aux dieux. Lorsqu'il découvrit ce qu'ils avaient fait, le monarque en fut ivre de chagrin et de rage ; les Aztèques durent fuir pour n'être pas massacrés. À la faveur de la nuit, ils se dissimulèrent parmi les roselières et les marécages qui bordaient le lac.

L'AIGLE ET LE CACTUS

Le lendemain matin, avant le lever du Soleil, les Aztèques chargèrent leurs embarcations et gagnèrent un groupe d'îles au milieu du lac. Alors qu'ils atteignaient le rivage, l'un des porteurs fut presque aveuglé par une éblouissante vision de Huitzilopochtli.

« Cherche un endroit où un aigle est perché sur un cactus, lui dit le dieu. L'aigle tiendra un serpent dans ses serres. C'est là que vous devez bâtir votre cité, c'est là que vous trouverez la fortune et la gloire. »

Bouleversé par ce qu'il venait de voir et d'entendre, le porteur se mit à trembler de tous ses membres avant de s'effondrer à terre. Les autres porteurs le relevèrent et lui demandèrent ce qu'il avait car ils n'avaient pas vu Huitzilopochtli. Mais le porteur ne sut que balbutier : « Cherchez un cactus et un aigle ! C'est l'endroit ! C'est l'endroit ! » Stupéfaits, les Aztèques scrutèrent les environs humides, brumeux et inhospitaliers. Se pouvait-il que ce fût là le site promis par Huitzilopochtli ? Soudain, un grand cri s'éleva. Là, perché sur un figuier de Barbarie, un énorme aigle tenait un serpent

Ci-contre : frontispice du célèbre codex *Mendoza*, réalisé en 1541-1542, soit vingt ans après la conquête du Mexique par les Espagnols. Les Aztèques rendent hommage à l'aigle et au cactus, qui devinrent l'emblème de leur nouvelle cité de Tenochtitlan. Les bandes diagonales bleues représentent les canaux qui divisaient la ville en quatre quartiers.

dans ses serres – tel était le signe attendu. Au même moment, les Aztèques virent le Soleil monter dans le ciel et ses rayons frapper le lieu, ainsi béni par leur divinité tutélaire. Ils se prosternèrent aussitôt pour rendre grâce à Huitzilopochtli. Autour du cactus, ils édifièrent un temple dans lequel ils placèrent la statue qu'ils avaient transportée tout au long de leurs pérégrinations. Ce faisant, ils découvrirent des sources d'eau rouge et bleue, signe que le lieu était béni.

Les Aztèques construisirent une grande ville sur le site choisi par Huitzilopochtli. Ils appelèrent cette ville Tenochtitlan (« lieu du Figuier ») ; c'est là que s'étend aujourd'hui Mexico.

TENOCHTITLAN

Guidés par Huitzilopochtli, les Aztèques bâtirent la ville de Tenochtitlan sur une île du lac Texcoco. D'abord simple regroupement de huttes de roseaux, Tenochtitlan devint une immense capitale. À l'arrivée des Espagnols, la cité comptait quelque 200 000 habitants et son influence rayonnait sur un puissant empire s'étendant de la côte est à la côte ouest de Mexico.

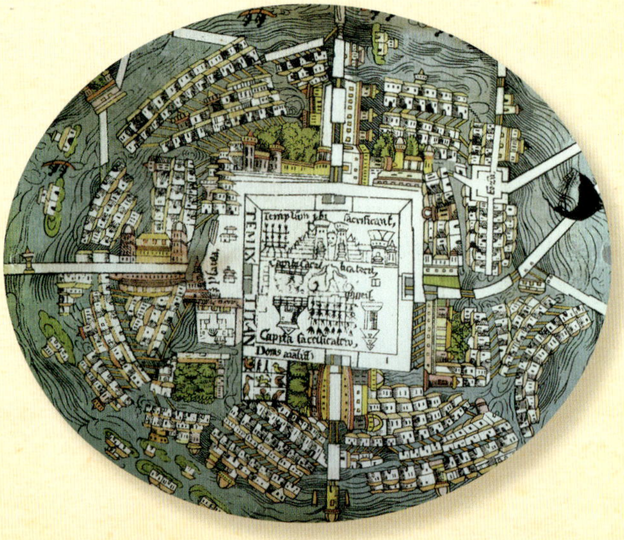

Ci-dessus : cette carte datant du XVIe siècle, dressée pour le conquistador Hernán Cortés, était destinée à illustrer une lettre adressée à l'empereur germanique Charles-Quint (1500-1558). On y voit nettement les chaussées reliant la ville à la terre ferme.

Ci-dessus : ce relief de crânes de pierre fut mis au jour sur le site du Grand Temple de Tenochtitlan. De véritables crânes humains (le plus souvent ceux de victimes des sacrifices aux dieux) étaient placés sur des pieux à l'extérieur des temples.

CANAUX ET CHAUSSÉES

Tenochtitlan, située du côté occidental du lac Texcoco, s'étendait sur 18 km^2. Elle était reliée à la terre ferme par trois gigantesques chaussées, et sillonnée par un réseau de canaux servant au transport par canot. Conçue sur un plan en grille, la cité était divisée en quatre zones dont chacune comprenait vingt districts, les *calpulli*. Chaque *calpulli* disposait de son propre marché, où les Aztèques pouvaient aussi bien acheter des pierres précieuses et des peaux de jaguar que du bois de chauffage et du sel.

Ci-contre : illustration du XVIe siècle figurant l'entrevue entre l'empereur aztèque Moctezuma II (vers 1466-1520) et Hernán Cortés, en 1519, à Tenochtitlan. Lors de leur première rencontre, Moctezuma fit des présents à Cortés, qu'il crut être le dieu Quetzalcóatl de retour d'exil. Il comprit bien vite son erreur…

LE CENTRE CÉRÉMONIEL

Au cœur de la cité, le centre religieux s'inscrivait dans une enceinte de pierre de 300 x 400 m ; l'entrée était réservée aux nobles et aux dignitaires étrangers. Dans l'enceinte, le somptueux Grand Temple, consacré aux dieux Tlaloc et Huitzilopochtli, était entouré d'autres temples, d'un terrain de jeu de balle *(tlachtli)*, d'un « mur de crânes » *(tzompantli)* et d'une dalle circulaire où des prisonniers de guerre peu armés combattaient à mort contre les puissants guerriers aztèques.

Ci-contre : l'ultime bataille entre Cortés et l'empereur aztèque Cuauhtémoc (vers 1502-1525) eut lieu à Tenochtitlan en août 1521. Tenochtitlan fut détruite, et Cuauhtémoc capturé alors qu'il tentait de s'enfuir. Mexico fut bâtie sur ce site.

TEZCATLIPOCA ET LE ROI DE TOLLAN

Depuis la première création, le dieu Tezcatlipoca apportait le mal et la discorde dans le monde. Divinité de la nuit, Tezcatlipoca rôdait sur Terre dans l'obscurité, en quête de victimes sacrificielles. Jamais il ne fallait faire confiance à ce dieu, qui mettait souvent ses grands pouvoirs au service des conflits et du chaos. Les Toltèques de Tollan avaient des raisons particulières de redouter sa nature retorse et dangereuse.

Tezcatlipoca était également connu sous le nom de « Seigneur du miroir fumant ». La légende raconte qu'il y a très longtemps, fut fabriqué un miroir qui avait la couleur de la fumée et ce miroir pouvait prédire la survenue d'une famine. Une année, les récoltes furent très mauvaises et les hommes se retrouvèrent affamés. Le cruel Tezcatlipoca déroba le miroir magique et le cacha afin que la famine continuât de sévir bien plus longtemps qu'elle n'aurait dû. Puis il se servit du miroir pour remplacer le pied qu'il avait perdu quand les dieux l'avaient jeté du haut du treizième ciel. Avec son miroir fumant, qui reflétait la nuit même en plein jour, Tezcatlipoca pouvait voir l'avenir et les secrets dans le cœur des gens. Pire encore, le miroir donnait à Tezcatlipoca le contrôle des forces de la destruction.

LE VENDEUR DE PIMENTS

Tezcatlipoca se rendit dans la ville de Tollan (ou Tula) avec de bien mauvaises intentions. Vêtu de haillons, le corps peint en vert vif, il alla sur la place du marché, où il se fit passer pour un pauvre vendeur de piments.

Le rusé Tezcatlipoca savait que le roi de Tollan avait une fille dont la beauté était célèbre. Chaque jour, des demandes en mariage parvenaient à la cour, mais le roi n'autorisait pas la princesse à accepter un quelconque de ces soupirants. Un jour,

Ci-dessus : cette page du codex *Cospi* montre le dieu Tezcatlipoca en fauteur de guerre, armé et vêtu en guerrier, les robes ornées d'un crâne et d'os. Sur le champ de bataille, il décidait de qui survivrait et de qui périrait.

la princesse se rendit au marché et y aperçut le marchand de piments. Sans lui dire un mot, Tezcatlipoca exerça sur elle sa magie, et la princesse s'éprit follement de lui. Jour après jour, elle aspirait si fort à le revoir qu'elle en tomba malade. Inquiet pour sa fille, le roi s'enquit des causes de ce dépérissement auprès de ses servantes. Ces dernières lui révélèrent l'amour que vouait la princesse au pauvre marchand de piment étranger.

LES TOLTÈQUES

La civilisation toltèque s'épanouit d'environ 900 à 1200 apr. J.-C. La société toltèque était dirigée par des rois-prêtres, associés au dieu Quetzalcóatl. Excellents bâtisseurs et artistes, les Toltèques étaient aussi de grands guerriers. Leur magnifique capitale, Tollan, qui s'étendait à quelque 80 km au nord de Tenochtitlan, faisait l'admiration des Aztèques.

Tollan s'enorgueillissait de ses splendides palais, de ses vastes places et de ses temples imposants. Le temple principal était renommé pour ses murs recouverts de feuilles d'or, de coquillages et de pierres précieuses. La maison des Plumes, aux pièces ornées de plumes d'oiseaux rares, était également célèbre. Vers l'an 1200, les Toltèques furent vaincus par les Chichimèques, et Tollan fut détruite. De nombreuses informations sur les Toltèques furent cependant préservées dans des poèmes aztèques, transmis oralement au fil des générations avant d'être consignés par écrit après la conquête espagnole.

Ci-contre : ces statues de guerriers toltèques soutenaient le temple de Tollan. Des oiseaux de feu, symbolisant les classes dirigeantes toltèques, étaient gravés sur leur poitrine. Les Toltèques étaient de grands guerriers, comme l'indiquent les nombreuses statues de guerriers qui ont survécu.

Le roi chargea ses soldats de ramener le vendeur de piments au palais. Ils le trouvèrent, sale et hirsute, sur la place du marché, ils le conduisirent devant le roi et sa fille. C'était exactement ce qu'avait prévu Tezcatlipoca. À peine eut-elle posé les yeux sur l'étranger bien-aimé que la princesse fut totalement guérie de sa langueur. Le roi, lui, fut horrifié : ce n'était pas le genre d'époux dont il avait rêvé pour sa fille. Mais il fut tellement soulagé de la voir rétablie qu'il donna sa bénédiction au mariage de ces deux-là.

À Tollan, ce mariage n'était pas du goût de tout le monde. « Le roi est-il devenu fou ? se demandait-on. Laisser ainsi la princesse épouser ce marchand de piments à l'air bizarre… »

Furieux de susciter ainsi les moqueries, le roi se mit à envisager les moyens de se débarrasser de son nouveau gendre. Il lança une guerre contre les ennemis de Tollan et envoya le vendeur de piments combattre avec ses hommes.

Sur l'ordre du roi, les soldats le jetèrent au cœur de la mêlée, là où les combats étaient les plus féroces. Ils espéraient qu'il se ferait tuer, mais leur plan se retourna contre eux : à la grande stupéfaction de tous, le vendeur de piments combattit avec bravoure et gagna l'admiration de toute l'armée.

LA DANSE DE MORT

À Tollan, tout le monde fut informé des actes de bravoure du vendeur de piments, qui fut accueilli en héros à son retour dans la ville. On se pressait dans les rues pour acclamer celui qui paradait fièrement, la tête ceinte de la coiffure en plumes de quetzal d'un grand guerrier, sa très belle épouse au bras. Le roi lui-même fut contraint de reconnaître qu'il était finalement heureux d'avoir le vendeur de piments pour gendre.

Mais le peuple de Tollan ne se doutait pas de ce que Tezcatlipoca allait leur faire subir. Pour célébrer son retour, il invita toute la population à un fabuleux festin sur la grande place. Quand la foule fut assemblée, Tezcatlipoca se mit à chanter, et tous se mirent à danser au son de la musique. Plus il chantait vite, et plus la danse se faisait rapide.

Tezcatlipoca chanta de plus en plus vite, jusqu'à ce que les danseurs étourdis se sentent mal, et pourtant il continuait de chanter plus vite encore. Ne tenant plus sur leurs jambes, les danseurs tombèrent dans un gouffre que le dieu venait d'ouvrir sous leurs pieds. Quand tous les habitants de Tollan furent tombés morts, la cité fut détruite.

LE MONDE AZTÈQUE

Ci-dessus : portrait de Moctezuma II, élu empereur en 1502, qui régnait sur l'Empire aztèque à l'époque de la conquête espagnole. Moctezuma permit aux Espagnols d'entrer dans Tenochtitlan en 1519 : retenu en otage par Hernán Cortés, il fut tué en 1520 par une pierre lancée soit par les siens, soit par les Espagnols.

En moins de 200 ans, les Aztèques connurent une mutation qui transforma les humbles nomades en maîtres suprêmes de la vallée de Mexico. Depuis leur capitale, Tenochtitlan, les Aztèques conquirent de nombreuses villes voisines, qui leur payèrent tribut. À son apogée, l'Empire aztèque s'étendait du Pacifique à l'Atlantique.

L'EMPEREUR ET LE GOUVERNEMENT

Le personnage le plus important de la société aztèque était l'empereur, ou Huey Tlatoani (« Grand Parleur »), élu par un conseil composé de prêtres, de nobles et de généraux. Le Tlatoani vivait entouré de fonctionnaires, de serviteurs et d'épouses dans un somptueux palais au cœur de Tenochtitlan. Chef du gouvernement, il commandait l'armée. Après son élection, il devait montrer ses qualités de meneur en menant une armée à la bataille.

Un grand dignitaire jouait le rôle de second du Tlatoani et gérait les affaires quotidiennes du gouvernement. Si son titre était celui de « Femme Serpent », la fonction était toujours remplie par un homme.

Ci-contre : cette illustration d'un codex montre les costumes de cérémonie portés par les nobles conduisant l'armée à la guerre. Les Aztèques livraient de fréquentes guerres à leurs voisins afin de s'attribuer de nouveaux territoires et ainsi étendre leur Empire, tout en se procurant tributs et captifs à sacrifier à leurs dieux.

LA SOCIÉTÉ AZTÈQUE

La société aztèque était divisée en classes, ou rangs. L'empereur et sa famille immédiate se trouvaient au sommet. Sous l'empereur, la noblesse comprenait les dignitaires du gouvernement et les dirigeants des cités qui payaient tribut à l'empereur. De nombreux nobles accédaient à leurs positions privilégiées par la prêtrise. Venaient ensuite les paysans, qui étaient majoritaires, puis une classe de travailleurs qui louaient leurs bras, et enfin les esclaves, dont un grand nombre était des criminels ou des prisonniers de guerre. Seuls l'empereur et les nobles pouvaient porter de belles étoffes, des plumes précieuses et des ornements en or. Le peuple devait se contenter de vêtements tissés avec les rudes fibres du *maguey* (agave).

Ci-contre : dans une famille aztèque, le père travaillait pour entretenir les siens, alors que la mère s'occupait du ménage et des enfants. Cette scène extraite du codex *Mendoza* montre une mère aztèque en train d'apprendre à ses enfants à confectionner des tortillas.

LA CHUTE DE LA DÉESSE DES FLEURS

Les déesses de la Terre apportaient aux Aztèques des cultures pour se nourrir, des matériaux pour construire, des matières pour se vêtir… Tout ce qui était nécessaire à la vie. L'une de ces déesses, la belle Xochiquetzal, faisait don au monde des fleurs au doux parfum qui s'épanouissaient au bord des chemins. Tous les huit ans, une grande fête était organisée en son honneur, lors de laquelle on portait des masques d'animaux et de fleurs.

Xochiquetzal, dont le nom signifiait « précieuse fleur-plume », régnait sur Tamoanchan, le treizième ciel. Elle avait été créée par les dieux Tezcatlipoca et Quetzalcóatl au commencement du monde. Portant une coiffure de plumes de quetzal chatoyantes, elle tenait à la main une fleur et un papillon. Son somptueux paradis, très haut au-dessus de la Terre, connaissait l'été toute l'année ; les oiseaux y chantaient et les fleurs s'y épanouissaient. Au centre de ce paradis se dressait un arbre immense dont les branches étaient lourdes de fleurs et de fruits. C'est à Tamoanchan que les dieux créèrent les premiers hommes à partir des ossements récupérés dans l'inframonde, et c'est là que vivait Xochiquetzal avec sa suite d'oiseaux et de papillons aux couleurs éclatantes.

Xochiquetzal était la première épouse de Tlaloc, le grand dieu de la pluie ; le couple vécut très heureux. Leur félicité n'avait été menacée qu'une fois : le méchant dieu de la nuit Tezcatlipoca s'était épris de la belle Xochiquetzal et avait tenté de la séduire à force de magie. Mais la belle n'avait d'yeux que pour son époux. Furieux et ivre de jalousie, Tezcatlipoca enleva Xochiquetzal et l'entraîna dans les profondeurs ténébreuses des enfers. Elle parvint fort heureusement à s'enfuir alors qu'il avait le dos tourné et à regagner Tamoanchan.

L'ARBRE DE LA TENTATION

Entourée de ses loyales servantes, Xochiquetzal passait ses journées à rire et à chanter. Déesse du tissage, elle confectionnait des étoffes aux merveilleux motifs et coloris, tandis que des jongleurs, des acrobates et des danseurs la divertissaient. Xochiquetzal menait selon toute apparence une vie d'enchantement, mais un jour la catastrophe survint au paradis.

Les fleurs et les fruits du grand arbre de Tamoanchan étaient les plus beaux que l'on eût jamais vus. Les fleurs exhalaient des senteurs d'une extraordinaire suavité, les fruits ronds et rouges semblaient délicieux ; les oiseaux construisaient leurs nids dans les branches, les écureuils et bien d'autres animaux s'ébattaient sur le tronc. Mais le dieu suprême, Ometeotl, donna un ordre solennel aux divinités de Tamoanchan : nul ne devait cueillir les fleurs ou goûter les fruits de l'arbre. Cette interdiction valait aussi pour Xochitquetzal, qui régnait pourtant sur Tamoanchan.

Ci-contre : cette statue assise de la déesse des fleurs datant du XVe siècle, montre Xochiquetzal portant une coiffure ornée de fleurs.

Ci-contre : les orfèvres jouissaient d'un statut élevé. Ils réalisaient des objets richement ouvragés, tels que cette représentation d'un dieu oiseau, selon la méthode dite « de la cire perdue » ; on versait de l'or fondu dans un moule en cire couvert d'argile. L'or faisait fondre la cire, qui s'écoulait hors du moule.

Mais Xochiquetzal était fascinée par l'arbre. Jour après jour, elle s'asseyait sous ses branches et savourait son ombre apaisante. Jour après jour, elle contemplait ses fleurs et ses fruits, brûlant de les cueillir. Et puis un jour, elle n'y tint plus. Sachant fort bien l'interdiction qui pesait sur l'arbre, elle cueillit des fleurs pour s'en faire une guirlande dans les cheveux, et elle cueillit des fruits bien mûrs pour les déguster.

ART ET ARTISANAT

Déesse des fleurs, Xochiquetzal était aussi la divinité des artistes et des artisans tels que les tisserands, les orfèvres et les peintres. Dans la société aztèque, les artisans professionnels étaient organisés en guildes. Les plus respectés étaient ceux qui employaient les plumes d'oiseaux tropicaux (comme les quetzals) pour confectionner de merveilleux manteaux et de somptueuses coiffes à l'intention des nobles et des guerriers. Les orfèvres étaient eux aussi très estimés pour leurs superbes bijoux et leurs figurines. Des milliers de ces objets furent réalisés, mais bien peu ont survécu ; tout à leur soif d'or, les Espagnols firent fondre nombre de ces œuvres d'art et se servirent de l'or pour fabriquer des monnaies.

Xochiquetzal espérait que personne ne remarquerait ce qu'elle avait fait. N'y avait-il pas des centaines de fleurs et de fruits dans les branches de l'arbre ? Quelques-unes et quelques-uns de plus ou de moins, quelle différence après tout ?

Mais Xochiquetzal avait osé désobéir à Ometeotl, et le dieu suprême voyait tout. Alors qu'elle était encore assise sous le grand arbre, ce dernier se mit à trembler, puis dans un horrible vacarme il se fendit et se brisa en mille morceaux. Horrifiée, Xochiquetzal vit du sang suinter des branches de l'arbre où elle avait cueilli les fruits et les fleurs.

CHASSÉE DU PARADIS

Face à ce spectacle, le grand Ometeotl était fort troublé. Il aimait Xochiquetzal pour sa beauté et pour son charme, mais il savait qu'elle devait être punie pour avoir bravé ses ordres.

Le cœur gros, Ometeotl convoqua Xochiquetzal et l'informa du sort qu'il comptait lui réserver. Or ce sort était bien plus terrible que tout ce que la déesse aurait pu imaginer. Ometeotl expulsa la désobéissante Xochiquetzal de son merveilleux paradis et l'envoya vivre dans les montagnes et les plaines de la Terre, où elle passa le reste de ses jours.

Et chaque fois qu'elle passait devant une belle fleur, ses yeux s'emplissaient de larmes à la pensée de toutes ces merveilles qu'elle avait perdues.

Entouré par la forêt pluviale, le mystérieux temple des Inscriptions se dresse parmi les ruines de la cité maya de Palenque, au Mexique. Ses neuf degrés symbolisent les neuf niveaux de l'inframonde maya.

MYTHES DE LA CRÉATION MAYAS

Chez les Mayas comme chez les Aztèques, de nombreux récits rendaient compte de la manière dont le monde avait été créé. Les Mayas croyaient – comme les Aztèques – que la création répondait à la volonté des dieux. Leur vision du monde, qui là encore présentait maintes similitudes avec celle des Aztèques, faisait de la Terre un vaste corps plat, surmonté de treize cieux et sous lequel s'étendaient neuf niveaux d'inframonde. Aux quatre coins de la Terre, quatre arbres soutenaient les cieux. Dans certaines versions des mythes mayas, des géants prenaient la place des arbres. Au centre de la Terre, un arbre plus élevé reliait paradis, Terre et inframonde.

Les mythes de la création qui suivent relatent les circonstances dans lesquelles les dieux façonnèrent la Terre et les animaux, les hommes (à leur troisième tentative) et finalement le Soleil ainsi que la Lune.

LA CONVERSATION DES DIEUX

Avant le commencement des temps, il n'existait qu'une vaste étendue inerte de mer et de ciel. Il n'y avait pas d'animaux, pas de plantes ou d'hommes, il n'y avait pas de rochers, de plaines ou de forêts ; il n'y avait rien qui fît du bruit, rien qui bougeât. Il n'y avait que le grand dieu de la mer, Gucumatz, et le grand dieu du ciel, Huracan. Dans le silence, une extraordinaire conversation s'engagea entre eux, et de cette conversation naquit la Terre et tout ce qu'elle allait supporter.

Le dieu Gucumatz, le Serpent à plumes, scintillait dans la mer miroitante, lové sous les flots, dans le chatoiement bleu et vert des plumes de quetzal. Au même moment, dans le ciel, le dieu Huracan, aussi appelé « Cœur du paradis », apparaissait tel un éclair éblouissant. Dans les ténèbres et l'immobilité, les deux divinités se mirent à parler, à discuter et à délibérer jusqu'au plus profond de la nuit.

LA CRÉATION DE LA TERRE

Au cours de leur conversation, Gucumatz et Huracan envisagèrent la création de la Terre, l'aube du premier jour, la réalisation des hommes et de leurs aliments. Ils créèrent une vision de ce à quoi devrait ressembler la Terre, de la manière dont les plantes et les arbres devraient croître dans le sol, du déplacement du Soleil et de la Lune dans le ciel, de la façon dont devraient vivre hommes et bêtes.

« Que cela soit ! s'écrièrent-ils. Que le vide s'emplisse ! Que les eaux de la mer s'écartent pour laisser place à la Terre. Que la lumière soit, que l'aube s'empare du ciel et de la Terre. Que les êtres humains apparaissent ! »

Les paroles des dieux produisirent un effet aussi magique qu'immédiat. Les eaux de la mer s'écartèrent, et la Terre s'éleva. Des montagnes aux flancs abrupts surgirent des eaux, des forêts couvrirent les terres, des plantes germèrent dans les champs. L'eau ruisselant dans les creux forma de grands lacs, s'écoula sur les versants montagneux en torrents impétueux et en ruisseaux gazouillants.

Gucumatz et Huracan contemplèrent avec ravissement leur œuvre, mais une partie de la création manquait encore. Les dieux avaient besoin de créatures qui leur rendent grâce et chantent leurs louanges. Ils décidèrent donc de créer les oiseaux et les animaux terrestres, dans l'espoir que ceux-ci honoreraient les dieux.

Ci-contre : tête du Serpent à plumes, au sommet d'un escalier menant au temple des Guerriers, dans la cité de Chichén Itzá, au Mexique. Selon la légende, le Serpent à plumes aurait émergé de l'océan pour créer le monde avant de disparaître de nouveau dans la mer. Dans la mythologie aztèque, il se fondit avec la figure du puissant dieu Quetzalcóatl.

LA CONSTRUCTION DES CITÉS

La civilisation maya s'articulait autour de nombreuses cités-États. Chacune possédait son dirigeant et son gouvernement. Les Mayas bâtirent leurs grandes cités dans les hautes terres comme dans les régions de basses plaines de l'Amérique centrale. Au cœur de la cité s'étendaient de vastes places, esplanades cérémonielles entourées d'imposants édifices religieux et officiels – parmi lesquels les palais royaux richement décorés, les temples-pyramides, les terrains de jeu de balle, etc. Des groupes de temples étaient reliés par des chaussées pavées d'énormes dalles. Près du centre cérémoniel, l'on trouvait des temples de moindres dimensions, des sanctuaires et les demeures des nobles les moins éminents. Le peuple bâtissait ses habitations hors de ce secteur sacré. La construction des cités battit son plein lors de la période classique maya (vers 250-900 apr. J.-C.). Nombre des cités majeures, y compris Tikal, s'épanouirent à cette époque. Plus tard, Chichén Itzá (dans la péninsule du Yucatán, au Mexique) devint la plus puissante des cités mayas. Son emplacement fut choisi car trois puits naturels y procuraient une eau abondante tout au long de l'année. Elle prospéra sans doute jusqu'au début du XIIIe siècle, puis révoltes et guerres civiles la plongèrent dans le déclin.

Aujourd'hui, Chichén Itzá, inscrite au patrimoine mondial de l'Unesco, est la plus visitée des anciennes cités mayas.

Ci-contre : ce temple se dresse à Tikal (dans l'actuel Guatemala). Il s'agit de l'un des plus grands sites archéologiques et centres urbains mayas. Tikal atteignit son apogée lors de la période classique maya, puis connut le déclin et fut abandonnée au Xe siècle.

LA CRÉATION DES ANIMAUX

Les dieux se mirent à la tâche avec ardeur. Ils créèrent des animaux appelés à vivre dans les forêts et les montagnes : cerfs, oiseaux, pumas, jaguars, serpents. Chacun de ces animaux bénéficierait d'un lieu où s'abriter et se nourrir.

« Dors dans les champs et les vallées, au bord des cours d'eau, dirent-ils au cerf. Dans les fourrés et les bois aussi. »

« Vous vivrez dans les arbres et parmi les lianes, dirent-ils aux oiseaux. Vous y ferez vos nids. » Puis les dieux s'adressèrent à tous les animaux. « Sifflez, hurlez, gazouillez, appelez comme vous voudrez, selon votre espèce, ordonnèrent-ils. Prononcez nos noms, chantez nos louanges, faites appel à nous et adorez-nous. Car nous vous avons faits et vous avons donné un lieu où vivre. »

Mais à la consternation des dieux, les animaux se révélèrent incapables de parler. Certains gloussaient ou criaillaient, d'autres hurlaient ou rugissaient, mais aucun ne prononçait de paroles comme le faisaient les dieux. Ils ne se parlaient pas même entre eux, car tous émettaient des sons différents. Les dieux étaient mécontents. Si les animaux ne pouvaient s'exprimer correctement, comment pourraient-ils les adorer ? Les dieux avaient prévu que les animaux règnent sur le monde, mais puisque ces animaux ne pouvaient parler, ils changèrent d'avis : « Vous aurez votre nourriture, vos champs et vos logis, mais nous ferons d'autres êtres pour nous honorer. Vous serez des aliments les uns pour les autres, et pour les êtres à venir. Tel sera votre destin. »

LA RELIGION MAYA

La religion jouait un rôle central dans la vie des Mayas. Comme les Aztèques, les Mayas adoraient de nombreuses divinités, qui selon eux créaient et contrôlaient le monde. Ils croyaient que les dieux pouvaient leur venir en aide ou leur nuire, et qu'il était donc crucial de les satisfaire pour s'attirer leurs faveurs.

LES DIEUX

Le principal dieu maya était Itzamna (« maison du Lézard »), aussi connu sous le nom de Hunab Ku, créateur de l'univers, et il était considéré comme le maître des cieux. C'est lui qui apprit aux Mayas l'écriture, l'usage du calendrier sacré et la culture du maïs. Ayant apporté l'écriture, il était le patron

Ci-contre : le dieu Itzamna tient ici un serpent appelé « serpent-vision », associé aux voyages spirituels. Les Mayas croyaient que l'on pouvait voyager le long du serpent pour atteindre le monde des esprits ou rencontrer les dieux dissimulés dans les anneaux du serpent.

Ci-contre : la façade de ce palais maya de Sayil, dans la péninsule du Yucatán (au Mexique), est ornée en son centre de l'effigie de Chac, le dieu de la pluie – généralement représenté pourvu d'un long nez lui servant à déverser la pluie sur la Terre et d'yeux en forme de T, figurant la pluie tombant du ciel.

Ci-contre : fresque maya de Bonampak, au Mexique, figurant des prêtres et des musiciens lors d'une cérémonie religieuse. Des fêtes religieuses en l'honneur des dieux étaient célébrées toute l'année. Les prêtres procédaient à des sacrifices, mais étaient aussi les conseillers des dirigeants de la cité, qu'ils assistaient dans leurs affaires les plus importantes.

des prêtres et des scribes. On le représente généralement comme un vieillard édenté, aux joues creusées et au long nez.

L'épouse d'Itzamnas, Ix Chel (« dame Arc-en-Ciel »), était la déesse de la Lune, de la guérison et de la maternité. Itzamna et Ix Chel eurent quatre fils, les bacabs – ces géants, placés aux quatre coins de l'univers, soutenaient le ciel.

SACRIFICES

De nombreux dieux mayas étaient associés à la nature et à l'agriculture. Chac, le dieu de la pluie, était l'une des divinités les plus vénérées. Lors d'une sécheresse, les habitants de Chichén Itzá, au Mexique, jetaient des offrandes dans un profond puits pour s'attirer la clémence de Chac. Ces offrandes prenaient la forme de trésors mais aussi de victimes humaines (y compris des enfants).

Ci-contre : le puits sacré de Chichén Itzá était dédié à Chac. De tels puits étaient considérés comme des accès à l'inframonde. Des offrandes de jade, de poteries et d'encens étaient jetées dans le puits, ainsi que des jeunes gens (des fouilles ont mis au jour les restes de quarante-deux personnes, dont la moitié étaient mortes à moins de vingt ans).

Des hommes de boue, de BOIS et de MAÏS

Les dieux avaient désormais créé la Terre et les animaux, et pourtant il n'y avait encore personne pour les adorer et louer leur œuvre. Gucumatz et Huracan décidèrent donc de se consacrer à la création des premiers êtres qui seraient obéissants et respectueux. Leurs deux premières tentatives se soldèrent par de cuisants échecs.

Lors de leur première tentative, Gucumatz et Huracan s'efforcèrent de façonner un être humain à partir d'un paquet de boue. Mais la glaise étant trop molle et glissante, ils ne parvinrent pas à obtenir un corps ayant assez de cohésion ou de force. Lorsque cet être essaya de marcher, il retomba en tas. Incapable de bouger la tête, le visage de guingois, il s'imbiba vite d'eau et ne put se tenir debout. Pire encore, s'il parlait, les dieux ne comprenaient pas le sens de ses paroles – aussi décidèrent-ils de défaire ce corps et de tout recommencer.

DES ÊTRES DE BOIS

Les dieux consultèrent donc un couple de vieillards, Xpiyacoc et Xmucane, afin de savoir si l'on pouvait réaliser des êtres humains en bois. Ces deux divinités anciennes, appelées aussi Grand-Père et Grand-Mère, avaient la faculté de pouvoir prédire l'avenir.

Après un silence, les vieux parlèrent enfin : « Vos êtres de bois seront réussis, dirent-ils. Ils parleront et marcheront sur la Terre. »

Gucumatz et Huracan écoutèrent attentivement cette prophétie, puis déclarèrent à l'unisson : « Qu'il en soit ainsi ! »

À ces mots, le monde s'emplit instantanément d'êtres de bois qui avaient l'apparence humaine, qui parlaient comme des êtres humains et avaient des familles et des enfants ; les hommes étaient faits du bois de l'arbre-corail, les femmes étaient de jonc.

Les dieux furent tout d'abord satisfaits de leurs êtres de bois, mais leur joie fut de courte durée. Si les êtres de bois pouvaient parler, leur visage manquait d'expressivité, leurs mains et leurs pieds n'étaient pas solides et leur cœur et leur âme étaient vides. Ils ne pouvaient honorer les dieux qui les avaient créés et prenaient soin d'eux. Une fois encore, Gucumatz et Huracan durent avouer leur échec.

Huracan, dieu du ciel, envoya une terrible inondation pour noyer les êtres de bois, et une armée de terrifiants démons pour briser leurs corps. Les animaux des forêts eux-mêmes, ainsi que les batteries de cuisine dans les logis, s'en prirent aux êtres de bois. Ceux-ci, pris de panique, voulurent s'enfuir, mais ils n'avaient nulle part où se réfugier. Les rares survivants furent changés en singes et n'eurent le droit de vivre que dans les forêts.

Ci-contre : cette coupe est ornée de représentations de quetzals. Beaucoup d'œuvres d'art mayas étaient décorées d'images animalières. Le quetzal était associé au dieu créateur, Gucumatz (le Serpent à plumes). Les plumes de quetzal, fort prisées, servaient à fabriquer de splendides costumes pour les nobles et les dirigeants mayas.

DES ÊTRES DE MAÏS

Le monde était toujours dans la pénombre, mais les dieux savaient que l'aube allait bientôt poindre. Puis le Soleil, la Lune et les étoiles apparaîtraient dans le ciel, et le monde serait parachevé. Seulement, les premiers êtres humains manquaient encore à la création Par deux fois Gucumatz et Huracan avaient essayé en vain de créer des êtres qui les adoreraient, mais à présent ils étaient bien décidés à réussir.

Quatre animaux – le perroquet, le coyote, le renard et le corbeau – vinrent annoncer la découverte d'un lieu merveilleux, une terre magnifique dans les montagnes, appelée « lieu de l'Eau amère » et qui regorgeait de maïs ainsi que de toutes sortes de denrées.

Ils montrèrent aux dieux le chemin qui y menait. Gucumatz et Huracan en rapportèrent du maïs, qu'ils offrirent à grand-mère Xmucane. Xmucane se lava les mains dans une eau froide et pure, puis réduisit le maïs en une farine qu'elle mélangea à l'eau. Avec cette pâte, les dieux modelèrent les quatre premiers hommes.

Cette fois, les dieux étaient fort satisfaits de leur œuvre. Contrairement à leurs créations précédentes, les hommes de maïs parlaient distinctement ; ils possédaient un savoir et étaient doués de compréhension. Et ces nouveaux êtres rendirent grâce aux dieux de les avoir faits si parfaits.

« Nous vous remercions encore et encore, s'écrièrent-ils. Nous avons été créés, nous avons reçu une bouche et un visage, nous parlons, nous pensons, nous marchons ; nous savons ce qui est proche et ce qui est lointain. Nous vous remercions de nous avoir créés ! »

Mais les êtres de maïs avaient aussi le pouvoir de voir loin dans l'avenir, tout comme les dieux. Or ces derniers s'en inquiétèrent, ils se dirent que les hommes leur ressemblaient trop, et qu'ils devaient amoindrir leurs facultés. Ils ne voulaient pas que les êtes humains fussent les égaux des dieux.

Gucumatz et Huracan retirèrent aux hommes leur clairvoyance. Ils leur soufflèrent une brume dans les yeux, qui leur voila le regard comme un miroir embué. Désormais, les hommes ne purent voir que ce qui était proche. Puis les dieux modelèrent quatre belles femmes, pour en faire les compagnes des quatre hommes. Ces premiers hommes et ces premières femmes furent les ancêtres des Mayas.

Page ci-contre, à gauche : ce vase peint montre une servante tenant un récipient empli de liquide ; on voit nettement son front aplati ainsi que ses bijoux, comprenant des pendants d'oreille et un bracelet, sa coiffe et les ornements de sa chevelure.

LA BEAUTÉ DES MAYAS

Les images provenant des codex et des vases montrent que la beauté de l'époque maya, surtout au sein des classes nobles, empruntait des voies qui peuvent nous sembler étranges. Le strabisme était du meilleur ton. Pour l'obtenir, les mères suspendaient des billes de résine aux cheveux de leurs enfants, afin qu'elles pendent entre leurs yeux. Le fait de concentrer en permanence le regard sur ces billes les faisait loucher. Le front aplati était également recherché : on enserrait donc la tête des nouveau-nés entre deux planches.

Ci-dessus : les Mayas étaient généralement vêtus simplement. Les hommes portaient un pagne, les femmes, une robe. Les plus riches arboraient des bijoux de jade et des coiffes en plumes de quetzal. Il s'agit visiblement ici d'un noble de haut rang.

L'ÉCRITURE, LE CALCUL ET LE CALENDRIER

Les Mayas excellaient dans les sciences et la communication. Ils furent les premiers en Amérique centrale à mettre au point une écriture complexe pour consigner leur histoire et les affaires de leur gouvernement et de leur religion. Auteurs de grandes avancées en mathématiques et en astronomie, ils mirent au point un calendrier annuel très précis.

Ci-contre : ce détail d'un linteau de bois sculpté d'un des temples de Tikal célèbre une victoire remportée sur une cité voisine en 743 apr. J.-C. ; le côté droit montre le visage du dirigeant suprême de Tikal ; à gauche, des glyphes mayas.

L'ÉCRITURE

L'écriture maya faisait appel à des symboles picturaux, ou glyphes. Chaque symbole figurait un objet, une combinaison de sons ou une idée. Un bouclier et une masse, par exemple, désignaient la guerre. Seuls de très rares prêtres et nobles mayas savaient lire et écrire.

L'étude des glyphes mayas commença en 1827, avec les travaux de l'érudit Constantine Rafinesque-Schmaltz (1783-1840) ; dans les années 1950, les experts eurent identifié les noms des dieux et des animaux. Ils perçurent ensuite que les glyphes étaient avant tout historiques et relataient des événements de la vie des dirigeants mayas. Les Mayas gravaient des glyphes sur des stèles dressées devant des édifices importants. On a également trouvé des glyphes peints sur des murs et des vases.

LES LIVRES

Les Mayas confectionnaient des livres, les codex, en papier de fibres de maguey ou d'écorce de ficus. Seuls quatre de ces ouvrages ont survécu : les codex dits de Madrid, de Dresde, de Paris et le codex *Grolier* (à l'authenticité contestée), ainsi nommés par des érudits modernes. Le codex se lisait de haut en bas puis de gauche à droite.

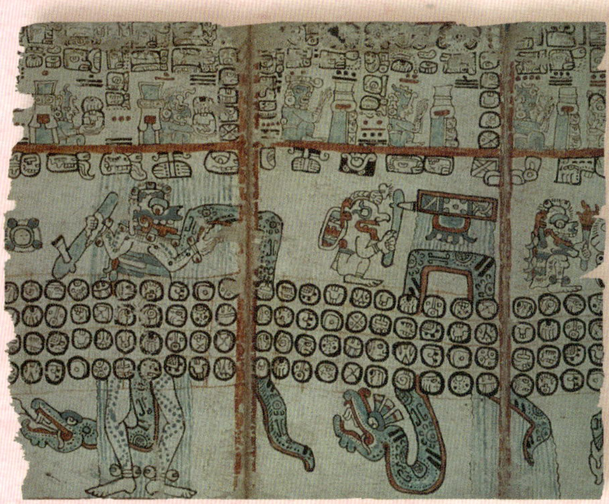

Ci-dessus : cette illustration provient du codex de Madrid, l'un des quatre codex mayas ayant survécu. Datant du XIIIe siècle, il contient des informations sur la divination et sur les rites, à l'intention des prêtres mayas.

LE CALCUL ET LE CALENDRIER

Les mathématiciens mayas, très compétents, mirent au point un système de calcul basé sur le nombre vingt. Trois symboles numériques – un point pour 1, une barre pour 5, un coquillage pour 0 – pouvaient être combinés pour former tous les nombres. L'étude des mathématiques et de l'astronomie amena les prêtres à développer deux calendriers : un calendrier sacré de 260 jours, utilisé pour prédire les jours favorables et funestes, et un calendrier de 365 jours, divisé en 18 mois de 20 jours – ce qui laissait 5 jours à la fin de l'année, considérés comme extrêmement néfastes par les Mayas.

Ci-dessous : les ruines de l'observatoire astronomique de Chichén Itzá se dressent encore sur le site. En raison de la spirale que forme l'escalier intérieur, cet édifice fut appelé El Caracol (« escargot ») par les Espagnols. Les fenêtres de la coupole sont alignées en fonction de la position apparente de certaines étoles à certaines dates. De la coupole, les prêtres désignaient les jours propices aux célébrations, aux semailles et aux moissons.

La tisserande céleste

La création des hommes était désormais accomplie, mais la Terre était encore enveloppée de ténèbres. Il manquait un Soleil et une Lune dans le ciel pour éclairer le monde. Or le Soleil et la Lune vivaient sur Terre. Le Soleil était un jeune et beau chasseur qui passait ses journées à chasser dans les forêts et les collines; quant à la Lune, c'était une belle et jeune tisserande qui réalisait des étoffes aux merveilleux motifs et coloris.

Aussitôt que le Soleil posa le regard sur la Lune, il en tomba éperdument amoureux. Chaque jour, il était irrésistiblement attiré vers la maison qu'elle partageait avec son grand-père. Chaque jour il trouvait un prétexte pour passer par là dans l'espoir d'apercevoir son délicieux visage. Et il lui apportait toujours un beau cerf qu'il avait chassé, afin de montrer sa force et ses talents de chasseur. Fort heureuse de ces attentions, la Lune ne tarda pas à s'éprendre à son tour du chasseur.

LE SOLEIL COLIBRI

Le grand-père de la Lune, qui désapprouvait ces amours, fit tout son possible pour empêcher à l'idylle de continuer, mais le Soleil n'en poursuivit pas moins sa cour. Son amour pour la Lune se faisait chaque jour plus fort, et il était bien déterminé à demeurer toujours avec elle.

Outre qu'il était fort et courageux, le Soleil possédait des pouvoirs magiques. Il décida de prendre l'apparence d'un colibri, afin de pouvoir aller et venir à sa guise sans que le grand-père de la Lune ne le remarquât. Il vint voleter dans le jardin du grand-père, pour admirer la Lune affairée à son tissage. Un jour, le désastre survint:

Ci-contre : cette figurine en poterie ouvragée, provenant de Palenque, au Mexique, est en fait un encensoir. Le personnage de prêtre, représentant probablement le dieu du Soleil, se tient sur une tortue dont surgit le dieu principal de l'inframonde.

alors que le colibri faisait mine de savourer le nectar d'une fleur, le grand-père l'abattit accidentellement d'une bille d'argile tirée de sa sarbacane. Grièvement blessé, le colibri tomba à terre ; aussitôt, le Soleil reprit son apparence humaine.

Lorsqu'elle comprit ce qui s'était passé, la Lune, horrifiée, jeta son ouvrage et se précipita vers le Soleil ; cachant la présence du jeune homme à son grand-père, elle prit soin de son bien-aimé jusqu'à ce qu'il fût rétabli. Et quand le Soleil fut pleinement remis, la Lue s'enfuit avec lui.

LA VENGEANCE DU DIEU

En découvrant la disparition de sa petite-fille, le grand-père de la Lune fut pris de fureur.

ART ET ARTISANAT

Les artisans mayas excellaient en sculpture et en poterie. Des artistes décoraient les murs des temples et des palais de personnages peints de couleurs vives, de scènes de bataille, de fêtes religieuses. Les femmes tissaient pour confectionner des vêtements mais aussi pour payer les taxes et les tributs aux dirigeants.

Certaines étoffes, notamment celles qui étaient tissées pour les nobles et autres dignitaires, étaient richement brodées. Le fil employé était le coton pour les classes dirigeantes, les fibres de cactus et de yucca pour les gens du peuple. Le fil était teint puis tissé sur des métiers très simples.

Pour tisser, on s'asseyait par terre, une extrémité du métier accrochée à un pieu fiché dans le sol, une sangle passée derrière le dos assurant la tension nécessaire. Différentes couleurs de fil étaient employées pour donner différentes significations aux éléments des motifs. Par exemple, le noir représentait les armes, le jaune symbolisait la nourriture, le rouge représentait le sang. Le vert, couleur des plumes du quetzal, était couleur royale.

Ci-contre : cette figurine représente une tisserande maya à son ouvrage sur un métier à sangle dorsale.

Il demanda à tous les dieux de l'aider à trouver le Soleil et la Lune, et à les empêcher de s'enfuir.

Depuis leur demeure située loin au-dessus de la Terre, les dieux jouissaient d'une vue imprenable : il n'était pas possible d'échapper longtemps à leur vigilance. Ils se mirent en quête du Soleil et de la Lune, explorèrent du regard toutes les éventuelles cachettes et finalement repérèrent les fugitifs qui pagayaient dans un canot sur une rivière. Le dieu de la pluie fit alors gronder l'orage et le lança la foudre sur le jeune couple. Aussitôt, le Soleil se changea en tortue et s'éloigna à la nage. Puis il transforma la Lune en crabe, mais il était trop tard pour la sauver.

Brisée en plusieurs morceaux, la belle tisserande mourut peu de temps après. Le cœur brisé, le Soleil ramassa délicatement les restes de sa bien-aimée puis, avec l'aide de libellules étincelantes, il plaça les morceaux de la dépouille Lune dans treize bûches creuses qu'il scella ensuite.

Le Soleil attendit treize jours, puis il ouvrit les bûches, une à une, pour regarder dedans. Les douze premières étaient emplies de serpents et d'insectes venimeux, qui se répandirent dans le monde et nuisent aux hommes depuis lors. Mais quand le Soleil ouvrit la treizième bûche, il n'en crut pas ses yeux : à l'intérieur se trouvait la Lune, miraculeusement ramenée à la vie !

EXIL CÉLESTE

Le Soleil et la Lune parvinrent donc à se retrouver malgré tous les efforts des dieux pour les séparer. Pendant de longues années encore, ils continuèrent à vivre heureux sur la Terre. Mais la Lune, qui avait le mal du pays, prit l'habitude de retourner régulièrement chez son grand-père. Lorsque le Soleil découvrit ces visites secrètes, il décida d'y mettre un terme.

Il avait peur que la Lune ne le quitte pour toujours, aussi l'emmena-t-il en exil dans le ciel. Le Soleil et la Lune y brillent encore aujourd'hui, et ce jusqu'à la fin du monde.

Cette sculpture garde l'entrée du temple des Guerriers à Chichén Itzá. La cité comptait aussi huit terrains de jeu de balle, dont le plus grand du Mexique.

Contes des jumeaux héroïques

Dans la mythologie Maya, on trouve de très nombreuses histoires ayant pour héros les dieux Xbalanque et Hunahpu, les jumeaux héroïques. Ces jumeaux comptent parmi leurs multiples exploits un combat avec le monstrueux Sept-Ara pour rendre la Terre plus sûre. Ces héros traversèrent diverses aventures dans l'inframonde.

Le père des jumeaux héroïques, Hun Hunahpu, mourut avant leur naissance. À la suite d'une défaite au jeu de balle, Hun Hunahpu fut tué par les seigneurs du monde souterrain et son crâne fut suspendu à la branche d'un arbre. Quand la fille de l'un des seigneurs s'approcha de l'arbre, le crâne se mit à lui parler. Peu après, elle se trouva enceinte des jumeaux héroïques. Pour fuir la colère de son père, elle dut aller vivre à la surface de la Terre. Les jumeaux héroïques grandirent en jurant de venger la mort de leur père ; ils allaient se servir de leur ruse pour vaincre les seigneurs de l'inframonde.

Les jumeaux héroïques et Sept-Aras

Après le Déluge qui détruisit les hommes de bois, la Terre se trouva plongée dans la pénombre, la face du Soleil et celle de la Lune étant dissimulées par les nuées. D'innombrables êtres hideux vivaient sur cette Terre, qu'ils s'acharnaient à vouloir détruire. Le pire de tous était un monstrueux oiseau appelé Sept-Ara, qui avait deux fils. Il revint aux jumeaux héroïques de débarrasser le monde de Sept-Ara et de ses fils pour que la Terre et le ciel retrouvent la sérénité.

Dans les temps qui suivirent le déluge, un terrifiant oiseau appelé Sept-Ara s'installa dans un somptueux nid d'argent, très haut au-dessus de la Terre. Il aimait rester dans son nid et passait son temps à lisser ses plumes miroitantes. Sept-Ara était très fier de ses plumes et de ses richesses.

« Grandes sont ma gloire et ma splendeur, clamait-il. Mes yeux ceints d'argent étincellent comme des émeraudes. Mes dents sont incrustées de joyaux. Mon nez brille comme la Lune. La face de la Terre s'éclaire sur mon passage. Alors, je suis le Soleil et la Lune, le plus grand de tous les dieux ! »

Fort irrités par la prétention et les vantardises incessantes de Sept-Ara, les jumeaux héroïques, Hunahpu et Xbalanque, décidèrent de lui donner une bonne leçon. Chasseurs plein de ruse et de talent, ils étaient experts dans l'art de tuer leur gibier à plumes et à poils avec leur sarbacane. Un matin, ils se cachèrent sous l'arbre favori de Sept-Ara, où ce dernier aimait venir chaque jour se repaître de fruits succulents. Alors que le monstrueux oiseau entamait son festin, Hunahpu prit sa sarbacane, visa et tira sur la bête, qu'il atteignit à la mâchoire. Hurlant de douleur, Sept-Ara tomba de l'arbre. Hunahpu se précipita pour le terrasser, mais Sept-Ara saisit le bras de Hunahpu et le lui arracha. Portant le bras de Hunahpu dans son bec, le monstre rentra péniblement chez lui.

Il se plaignit à son épouse de sa mâchoire brisée, qui lui donnait un mal de dents terrible. Il suspendit le bras de Hunahpu au-dessus du feu et déclara que si les jumeaux voulaient le récupérer, ils devraient venir le chercher.

LA RUSE DES JUMEAUX

Après avoir longuement réfléchi, les jumeaux héroïques trouvèrent une idée pour se jouer de Sept-Ara. Ils allèrent trouver deux vieillards, Grand Pécari Blanc et Grand Tapir Blanc.

« Venez avec nous chez Sept-Ara, dirent les jumeaux. Nous vous suivrons et vous pourrez dire que nous sommes vos petits-enfants. Vous prétendrez êtres de guérisseurs capables de soulager sa rage de dents. Il a tellement mal qu'il acceptera toute aide avec gratitude. Et quand il ne se méfiera pas, nous reprendrons le bras. »

« Très bien », répondirent les vieux.

Le plan des jumeaux fonctionna parfaitement. En arrivant à la maison de Sept-Ara, ils le trouvèrent hurlant de douleur, incapable de manger ou de dormir. Les vieillards dirent à Sept-Ara que le seul moyen de guérir sa rage de dents était de remplacer ses vieilles dents ornées de pierres précieuses par de nouvelles dents faites d'os broyé. Mais les dents qu'ils lui mirent dans la bouche n'étaient rien d'autre que des grains de maïs. Instantanément, son visage s'affaissa : il n'avait plus du tout l'air d'un seigneur. Les vieux en profitèrent donc pour s'emparer des anneaux d'argent qui cerclaient les yeux de Sept-Ara.

Ci-contre : détail d'un vase maya figurant l'un des jumeaux héroïques chassant le gibier d'eau à la sarbacane. Selon la légende, les jumeaux héroïques furent très tôt des chasseurs accomplis qui capturaient des oiseaux et d'autres animaux pour s'en nourrir.

LES ANIMAUX SACRÉS

Les animaux jouaient un rôle très important dans la vie quotidienne et la religion des Mayas. De nombreuses œuvres d'art étaient décorées avec des animaux que les Mayas voyaient dans les forêts et sur les collines qui les entouraient – jaguars, quetzals, singes et serpents, par exemple.

Nombre des dieux mayas prenaient l'apparence d'animaux. Le Serpent à plumes, Gucumatz, état associé au quetzal, qui incarnait la sage autorité. La nuit, les Mayas croyaient que le dieu Soleil renaissait sous l'aspect d'un puisant jaguar qui traversait l'inframonde pour combattre les seigneurs des morts. Le jaguar était redouté et admiré pour ses dons de chasseur : or, les jumeaux héroïques sont souvent représentés avec la peau tachetée, ce qui traduit leurs prouesses à la chasse.

Ci-dessous : les Mayas croyaient voir sur Terre le semblable de Sept-Ara : l'ara macao. Cet oiseau spectaculaire vit dans les forêts d'Amérique centrale et du Sud. Son bec à la forme étrange fait songer à une mâchoire endommagée, et les zones dépourvues de plumes qui entourent ses yeux évoquent l'emplacement d'où furent ôtés les cercles d'argent.

Dépouillé de sa splendeur et des richesses qui avaient fait sa fierté, Sept-Ara dépérit et finit par mourir. Les jumeaux héroïques n'eurent alors aucun mal à reprendre le bras arraché de Hunahpu. Il ne resta plus au vieux couple qu'à remettre soigneusement le bras en place pour une guérison parfaite.

LES FILS DE SEPT-ARA

Les jumeaux héroïques reportèrent alors leur attention sur les deux fils de Sept-Aras, qui étaient aussi vaniteux et vantards que leur père. L'un était un géant du nom de Zipacna, monstrueux caïman qui prétendait avoir créé les montagnes de la Terre. Le second fils de Sept-Ara était nommé Tremblement de terre car il prétendait pouvoir, en frappant simplement du pied, ébranler et abattre les montagnes.

Les aliments favoris de Zipacna étaient les crabes et les poissons, qu'il traquait du bord de la rivière. Pour le leurrer, les jumeaux héroïques fabriquèrent un énorme crabe avec des feuilles et une pierre en guise de carapace. Ils cachèrent ce crabe au fond d'un profond ravin, au pied d'une grande montagne, puis allèrent chercher Zipacna. Celui-ci, qui n'avait rien attrapé de la journée, était affamé. Les jumeaux lui parlèrent du crabe et le conduisirent au ravin. Zipacna descendit le long de la paroi glissante et atteignit les profondeurs du ravin, mais au moment où il allait se saisir du crabe les jumeaux firent glisser la montagne sur le fils, qui fut transformé en pierre.

Puis les jumeaux héroïques se mirent à la recherche de Tremblement de terre. L'ayant trouvé, ils lui dirent être de simples chasseurs venus des montagnes. Ils parlèrent à Tremblement de terre d'une grande montagne qu'ils avaient vue à l'est, une montagne si élevée qu'elle dominait toutes les autres. Tremblement de terre n'avait pas vu cette montagne, car alors il l'eût détruite. Les jumeaux proposèrent de le conduire à la montagne, où il pourrait faire une démonstration de ses pouvoirs. En chemin, les jumeaux tuèrent quelques oiseaux et s'arrêtèrent pour les faire cuire sur un feu.

À l'insu de Tremblement de terre, Hunahpu et Xbalanque jetèrent un sort aux oiseaux en train de cuire. Les oiseaux furent bientôt prêts, et Tremblement de terre se mit à saliver. Il dévora à belles dents sa part, puis les trois voyageurs repartirent. Déjà, Tremblement de terre sentait ses forces s'amenuiser ; quand il atteignit finalement la montagne, il avait les jambes si faibles qu'il ne pouvait pas même taper du pied. Il eut beau essayer et essayer encore, la montagne resta debout. Le sortilège des jumeaux avait fonctionné. Privé de ses pouvoirs, Tremblement de terre ne put empêcher les jumeaux de s'emparer de lui et de le ligoter. Ils enterrèrent son corps afin qu'il soutienne les montagnes plutôt que de les détruire.

LES JUMEAUX HÉROÏQUES ET LE CHAMP DE MAÏS

Quand la future mère des Jumeaux, enceinte, quitta le monde souterrain, elle se rendit chez leur grand-mère. Peu après, les jumeaux naquirent dans les bois proches. Leur mère les ramena à alors leur grand-mère, mais ils pleuraient si bruyamment la nuit que celle-ci les chassa de sa maison. La mère leur fit donc un lit sur une fourmilière, puis dans des chardons, où ils dormirent tous deux paisiblement.

Les jumeaux héroïques grandirent aux côtés de leurs deux frères aînés, qui étaient les petits préférés de leur grand-mère. Ces frères, Hunbatz et Hunchouen, qui savaient que les jumeaux destinés à accomplir de grandes choses, en étaient très jaloux. Ils traitaient fort mal leurs cadets et à qui ils donnaient toujours très peu à manger.

Un jour donc, Hunahpu et Xbalanque emmenèrent leurs grands frères à la chasse et les poussèrent à grimper à un arbre pour aller chercher les oiseaux qu'ils avaient tués à la sarbacane. Alors que leurs méchants frères étaient dans l'arbre, les jumeaux les changèrent en singes, qui furent envoyés vivre dans la forêt.

UN DON POUR LE JARDINAGE

Ses petits-fils préférés ayant disparu, les Jumeaux s'efforcèrent de s'attirer l'amour de leur grand-mère. Ils décidèrent de commencer par défricher et planter l'ancien champ de maïs de leurs frères.

S'armant de leurs haches, de leurs pioches et de leurs houes, ils partirent dans la forêt. En quittant la maison, ils s'adressèrent ainsi à leur grand-mère :

« Chère Grand-Mère, voudrais-tu venir au champ à midi et nous apporter notre repas ? Nous aurons faim après avoir travaillé dur. »

« Très bien, mes petits-fils », répondit la vieille.

Mais les Jumeaux héroïques n'avaient aucune intention de travailler. Arrivés au champ, ils se contentèrent de ficher leurs outils dans le sol et regardèrent les outils se mettre seuls à l'ouvrage. Les pioches et les houes creusèrent le sol, arrachèrent les chardons et les ronces. La hache coupa arbres et lianes. Bientôt, les outils eurent défriché la totalité du champ.

Pendant qu'ils attendaient que leurs outils en aient terminé, les jumeaux décidèrent de s'entraîner à tirer à la sarbacane. Pour plus de sûreté, ils demandèrent à une colombe de les prévenir quand elle verrait la grand-mère arriver avec leur repas. Un peu plus tard, la colombe lança un long roucoulement. Les jumeaux se mirent aussitôt en action. Ils posèrent leur sarbacane, saisirent des outils, se frottèrent de la poussière sur

Ci-contre : ce plat décoré d'un cervidé, mis au jour dans le bassin du Petén (au Guatemala), date de 600 à 900 apr. J.-C., époque à laquelle les Mayas produisirent certaines de leurs plus belles pièces de céramique. Le cerf était une importante ressource alimentaire pour les Mayas, et les jumeaux héroïques étaient parfois représentés en chasseurs de cerfs.

le visage et les mains pour faire croire qu'ils s'étaient affairés. Leur grand-mère, très impressionnée, leur offrit un savoureux repas, dont ils se régalèrent aussitôt.

En rentrant à la maison ce soir-là, les jumeaux feignirent d'être épuisés. Ils se plaignirent d'ampoules aux mains, de douleur dans les bras et les jambes. Mais leur plan n'allait pas tarder à se retourner contre eux.

UNE DESTINÉE

De retour au champ de maïs le lendemain, les jumeaux eurent une très désagréable surprise : les arbres et les lianes avaient repoussé, tout comme les chardons et les ronces. Alors ils remirent leurs outils au travail, et bientôt un nouveau lopin fut défriché.

« Qui donc a pu nous jouer ce tour ? se demandèrent les jumeaux. Certainement les animaux. Il faudra que nous restions cette nuit pour les attraper s'ils reviennent. »

Alors les jumeaux se cachèrent derrière un arbre et attendirent que le soir tombe. Dans l'obscurité, ils virent les animaux – le puma, le jaguar, le cerf, le lapin, le renard, le coyote, le pécari et le rat – s'aventurer dans le champ. « Arbres, relevez-vous ! Lianes, repoussez, longues, longues ! », chantèrent-ils.

Alors les jumeaux jaillirent de leur cachette et tentèrent d'attraper les animaux. Le puma et le jaguar, bien trop rapides pour les garçons, s'enfuirent sous la lune. Le cerf et le lapin furent tout près d'être rattrapés, mais ils parvinrent également à s'échapper, tout comme le renard, le coyote et le pécari.

Les jumeaux étaient furieux, mais ils réussirent finalement à attraper le rat. Ils le tinrent au-dessus du feu pour le faire parler.

Le rat leur dit qu'ils n'avaient pas à planter du maïs, que leur destinée était toute autre : ils devaient suivre leur père et leur oncle dans l'inframonde et vaincre les seigneurs de la mort qui y régnaient. Mais auparavant, ils devaient trouver l'anneau, les gants et la balle avec lesquels leur père et leur oncle jouaient au jeu de balle. Ces objets étaient suspendus au toit dans la maison de leur grand-mère, où celle-ci les avait cachés.

Le lendemain matin, de retour chez eux, les jumeaux détournèrent l'attention de leur grand-mère pendant que le rat grimpait sur le toit et entreprenait de ronger la corde qui retenait la balle. Les jumeaux envoyèrent la vieille chercher de la nourriture, puis de l'eau, puis encore de la nourriture. Finalement, l'anneau, les gants et la balle ayant été trouvés, les jumeaux allèrent vite les cacher sur la route qui menait au terrain de jeu de balle.

LES DIEUX DU MAÏS

Le maïs était la principale culture et la principale source nutritive des Mayas. Réduit en farine, il servait à faire du pain, et l'on en tirait aussi une boisson alcoolique. Le maïs jouait un rôle si vital que Yum Caax, dieu de l'agriculture en général et du maïs en particulier, était une divinité majeure. On le représentait toujours comme un jeune homme, ayant parfois un épi de maïs dans la coiffe. Tout comme le maïs auquel il était associé, Yum Caax avait de nombreux ennemis ; son destin était régi par les dieux du vent, de la pluie, de la sécheresse et de la famine. Un autre dieu du maïs (« le Jeune Dieu du maïs ») est souvent représenté sur les vases mayas avec son jumeau. Ces deux divinités ont été identifiées par les spécialistes comme le père et l'oncle des jumeaux héroïques.

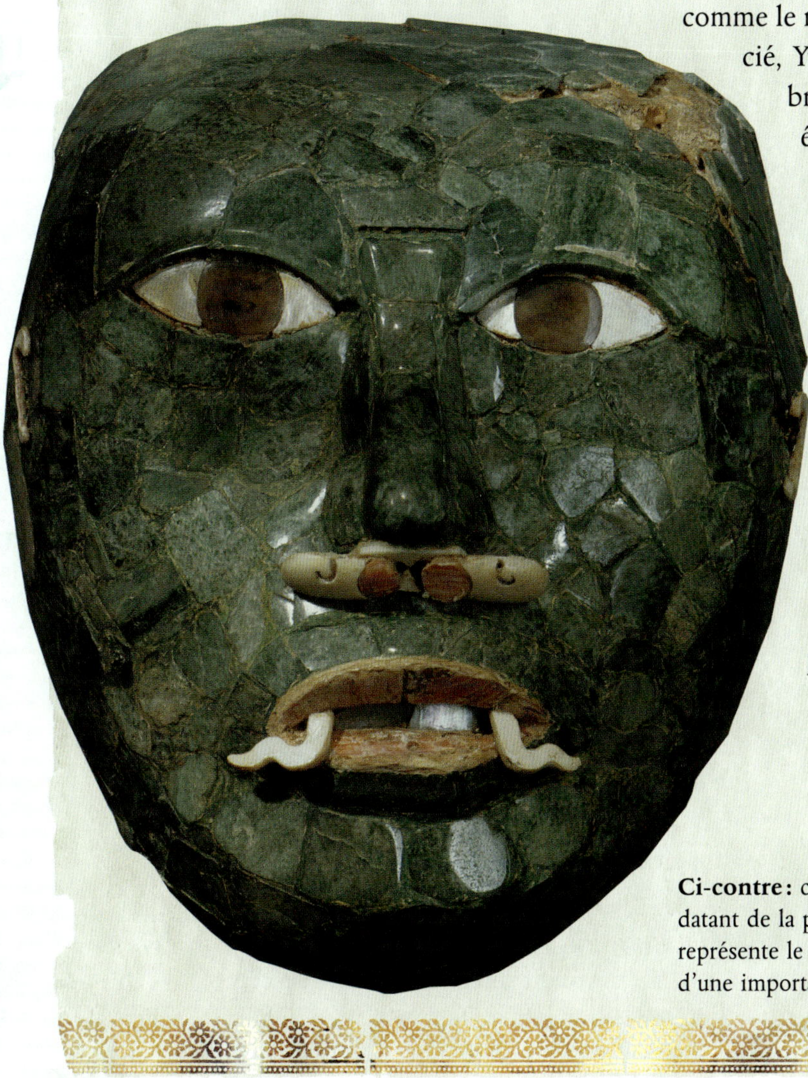

Ci-contre : ce masque funéraire, datant de la période 200-600 apr. J.-C., représente le dieu maya du maïs, d'une importance majeure.

LE JEU DE BALLE SACRÉ

Loin de n'être pour eux qu'une activité ludique ou sportive, le jeu de balle revêtait un caractère sacré. Il plongeait ses racines dans la lutte du bien et du mal livrée par les jumeaux héroïques dans l'inframonde. Pour les Mayas, le terrain de jeu représentait la Terre, la balle étant le Soleil et la Lune. Nul ne sait comment le jeu de balle se pratiquait, mais il s'agissait certainement d'un spectacle aussi excitant que dangereux.

Ci-contre, à droite : stèle figurant un prêtre vêtu en joueur de balle faisant des offrandes.

Ci-dessus : figurine de pierre maya représentant un joueur de balle en tenue rituelle. En entrant sur le terrain, les joueurs de belles peaux de bêtes, de somptueux bijoux et de parures de plumes. Pour jouer, ils ne gardaient sans doute sur eux guère plus que l'équipement de protection nécessaire, qui comprenait des rembourrages en cuir au niveau des hanches, des genoux, des avant-bras et de la taille (cette dernière pouvant aussi être en bois), et parfois un casque.

LES RÈGLES DU JEU

Deux équipes de onze joueurs avaient pour but de faire passer une balle de caoutchouc dans un petit anneau de pierre placé en hauteur. Les joueurs devaient maintenir la balle en jeu en se servant de différentes parties du corps telles que les hanches, les genoux, les cuisses et les avant-bras, mais sans les mains ni les pieds. La difficulté venait aussi de la dureté et le poids de la balle, qui était pleine.

Ci-contre : le grand terrain de jeu de balle de Chichén Itzá était en forme de L. L'allée de jeu était bordée de hautes parois de pierres sur lesquelles les joueurs pouvaient faire rebondir la balle. Les spectateurs disposaient de banquettes sur les côtés. Les terrains, décorés de gravures figurant des parties de jeu de balle et des sacrifices, mesuraient généralement quelque 36 x 9 m, mais ce terrain atteignait pas moins de 185 x 70 m.

Il arrivait souvent que des joueurs se blessent en tentant de maintenir la balle en mouvement. L'équipe qui parvenait à faire passer la balle dans l'anneau était aussitôt déclarée victorieuse. Il est probable que les parties se soient souvent achevées en « match nul ». Les vainqueurs étaient couverts de prix – tels que des bijoux en or et en turquoise, des plumes, des esclaves, des terres… Dans certains cas, les vaincus étaient sacrifiés aux dieux, les têtes étant ensuite exposées.

Ci-contre : cet anneau de jeu de balle se trouve sur le grand terrain de Chichén Itzá. Deux anneaux de pierre dépassaient des parois opposées de l'allée de jeu, à environ 8 mètres du sol. Ils étaient ornés d'animaux et de plantes sculptés. Le trou était juste assez grand pour que la balle puisse y passer.

Les jumeaux héroïques aux enfers

Ayant trouvé l'anneau, les gants et la balle qui avaient appartenu à leur père, les jumeaux héroïques étaient prêts à accomplir leur destin et à venger leur père. Ils allèrent jouer à la balle sur le terrain favori de leur père, à l'extrémité orientale de la Terre. Ils jouèrent pendant des heures, jusqu'à ce que le terrain – comme il était advenu pour leur père et leur oncle – devienne le chemin qu'ils empruntèrent pour gagner le monde souterrain, Xibalba.

Alors que les jumeaux héroïques jouaient, le martèlement de la balle sur le sol fit trembler celui-ci. Les secousses atteignirent Xibalba, où elles dérangèrent les dieux de l'inframonde, Un-Mort et Sept-Mort. Or, c'était déjà ce qui s'était produit avec le père et l'oncle des Jumeaux héroïques. Un-Mort et Sept-Mort envoyèrent leurs hiboux messagers convoquer les jumeaux pour un jeu de balle dans le monde souterrain. Les hiboux suivirent le chemin jusqu'à la maison des jumeaux héroïques pour délivrer ce message à leur grand-mère.

« Dites-leur de venir sans faute, déclarèrent les hiboux. Les seigneurs attendent tes petits-fils. »

La grand-mère, très inquiète, ne voulait pas que ses petits-fils marchent dans les traces de ses propres fils. Eux aussi avaient été convoqués dans l'inframonde pour y disputer un jeu de balle, et ils n'étaient jamais revenus. Mais n'osant pas désobéir aux maîtres des enfers, elle transmit le message à un pou qu'elle chargea d'aller chercher les jumeaux. En route, le pou fut avalé par un crapaud, qui fut à son tour englouti par un serpent. Celui-ci poursuivit la route vers le terrain de jeu de balle, avant d'être dévoré par un faucon, qui vola jusqu'au terrain et se percha dans un coin, près de l'endroit où les jumeaux étaient encore en train de jouer.

Ci-contre : vase maya décoré d'une scène montrant les jumeaux héroïques en grande conversation avec le dieu Itzamna. Ce dernier indique une grande corbeille sur laquelle sont posés un crâne, des bijoux et des vêtements – qui appartenaient sans doute au défunt père des jumeaux.

Quand les jumeaux entendirent le cri du faucon, ils laissèrent tomber la balle, se saisirent de leur sarbacane et tirèrent droit dans l'œil du faucon.

« Qu'est-ce que tu viens faire ici ? » demandèrent-ils à l'oiseau qui gisait à terre.

« Soignez mon œil et je vous le dirai », répliqua le faucon.

Les jumeaux arrachèrent un peu du caoutchouc de leur balle et s'en servirent pour soigner l'œil de l'oiseau. C'est pour cela que les yeux du faucon sont cerclés de noir.

Le faucon recracha le serpent, le serpent recracha le crapaud, puis les jumeaux trouvèrent le pou, collé aux dents du crapaud, et le pou livra son sinistre message.

LE VOYAGE À XIBALBA

Les jumeaux se hâtèrent de rentrer prendre congé de leur grand-mère en larmes, puis partirent vers Xibalba. Ce fut un voyage terrifiant. Ils descendirent d'abord un ravin abrupt, puis ils durent traverser des fleuves de pourriture et de sang. Ils firent halte à un carrefour et décidèrent d'envoyer un moustique recueillir des renseignements.

« Pique les seigneurs des enfers, l'un après l'autre, » et ta récompense sera de sucer à jamais le sang des voyageurs. »

LA TOMBE DU ROI PACAL

Chez les Mayas, les nobles et les riches étaient inhumés dans des tombeaux complexes avec des biens précieux. L'un des plus riches tombeaux mayas fut découvert en 1949. Au cours de fouilles dans les ruines du temple des Inscriptions à Palenque, les archéologues découvrirent un escalier menant vers les profondeurs de la pyramide, jusqu'au tombeau de Pacal le Grand (603-683 apr. J.-C.), roi de la cité. Rien ne restait des robes dans lesquelles il avait été inhumé, mais les fabuleux bijoux qui ornaient sa dépouille étaient encore en place. La pièce la plus spectaculaire, outre son masque mortuaire fait de plus de 200 morceaux de jade, était le couvercle du cercueil : richement sculpté, il montrait Pacal tombant tel le Soleil à son coucher dans Xibalba, prêt à affronter les seigneurs du monde inférieur.

Ci-dessous : ce relief montre Pacal le Grand, roi de Palenque, pipe à la main. Pacal monta sur le trône à douze ans et vécu jusqu'au grand âge de quatre-vingts ans.

Le moustique piqua les maîtres du monde souterrain, qui en furent si incommodés qu'ils s'interpellèrent mutuellement par leur nom. Quand les jumeaux rencontrèrent enfin ces seigneurs, ils purent les appeler par leur nom, ce qui les déstabilisa plus encore.

À peine les jumeaux étaient-ils arrivés qu'Un-Mort et Sept-Mort essayèrent par la ruse de les faire s'asseoir sur un siège de pierres chauffées au rouge, mais les jumeaux refusèrent. Furieux, les seigneurs conduisirent les jumeaux dans le lieu des Ténèbres. Ils leur donnèrent deux cigares allumés et deux torches enflammées pour s'éclairer, mais ordonnèrent aux jumeaux de leur rendre cigares et torches intacts au matin.

Cette fois encore, les jumeaux surent relever le défi. Toute la nuit, ils laissèrent cigares et torches se consumer et, au matin, à la place des flammes, ils attachèrent des plumes d'ara rouges aux torches et des lucioles aux cigares, ce qui donnait l'impression que l'on venait de les allumer.

LE PREMIER JEU DE BALLE

Les dieux du monde inférieur étaient inquiets : ces visiteurs semblaient devoir leur donner plus de fil à retordre que tous ceux qui étaient auparavant venus de la Terre. Bien décidés à les vaincre, les seigneurs défièrent les jumeaux au jeu de balle.

Ils insistèrent pour que les jumeaux utilisent la balle de leurs hôtes, qui n'étaient rien d'autre qu'un crâne humain. Dès que le jeu commença, les seigneurs lancèrent la balle sur les jumeaux. Le crâne s'ouvrit, un poignard acéré en sortit et se mit à danser sur le terrain en cherchant à tuer les jumeaux. Ceux-ci parvinrent à l'esquiver en bondissant en tous sens.

Les jumeaux insistèrent alors pour jouer avec leur propre balle, mais se laissèrent battre – le moment n'était pas venu de revendiquer la victoire. Il y aurait avant cela bien des épreuves à surmonter.

LE LIEU DES COUTEAUX

Surpris par la défaite des jumeaux, les seigneurs de l'inframonde exigèrent leur trophée. Pour prix de leur victoire au jeu de balle, ils exigèrent quatre calebasses de fleurs, que les jumeaux devraient cueillir et leur apporter le lendemain à l'aube. Pour rendre la tâche des jumeaux plus difficile, les seigneurs les jetèrent dans l'atroce lieu des Couteaux.

Enfermés dans leur cellule, les jumeaux seraient certainement dans l'impossibilité de trouver des fleurs pour les seigneurs. Il n'y avait aucun moyen de quitter cette infâme Maison. De plus, leur vie était en grand danger, car l'air était empli de couteaux volants des plus affilés. Les seigneurs espéraient que les importuns jumeaux trouveraient la mort en ce lieu.

Ci-contre : cette urne montre une chauve-souris, un animal qui effrayait les voyageurs à Xibalba. L'une des « maisons » que les voyageurs devaient affronter était emplie de chauves-souris. C'est dans la maison des Chauves-Souris que Hunahpu eut la tête arrachée.

Les jumeaux parlèrent alors aux couteaux et leur demandèrent de s'immobiliser en leur promettant la chair d'animaux à couper. Les couteaux s'immobilisèrent aussitôt. Dans la nuit, les jumeaux convoquèrent les fourmis qui vivaient dans l'inframonde et les envoyèrent cueillir des fleurs dans les jardins des seigneurs. Se doutant que les jumeaux allaient essayer de piller leurs jardins, les seigneurs avaient chargé des oiseaux de monter la garde, mais ces oiseaux ne remarquèrent pas les minuscules fourmis qui coupaient des fleurs et en emplissaient quatre calebasses. Le lendemain matin, Hunahpu et Xbalanque portèrent les fleurs aux seigneurs de l'inframonde. La provenance de ces fleurs était évidente, ce qui une fois encore suscita la fureur des seigneurs.

LES CINQ MAISONS

Les seigneurs envoyèrent ensuite les jumeaux passer la nuit suivante dans la glaciale maison du Froid. Mais ceux-ci parvinrent à faire apparaître des bûches pour faire un feu et, à la grande stupeur des seigneurs, au matin ils étaient encore en vie.

Puis les jumeaux furent envoyés dans la maison des Jaguars, espérant qu'ils se fassent déchiqueter. Mais les jumeaux domptèrent les bêtes en leur lançant quelques os. La nuit suivante, les seigneurs jetèrent les jumeaux dans la maison du Feu – mais bien sûr, ils ne subirent pas même une brûlure. Au grand désespoir des seigneurs, les jumeaux en sortirent le lendemain matin, indemnes.

Vint ensuite l'épreuve de la maison des Chauves-Souris, pleine de vampires aux cris glaçants. Les jumeaux y dormirent dans leur sarbacane, de façon à n'être pas mordus. Après plusieurs heures d'attente cependant, Hunahpu s'impatienta. Il sortit la tête de sa sarbacane pour voir si l'aube s'était levée. Au même instant, une chauve-souris géante vint à passer et arracha la tête de Hunahpu, puis elle l'emporta au terrain de jeu de balle du monde souterrain, où les seigneurs de la mort se réjouirent d'avoir enfin remporté une victoire. Ils décidèrent de défier les jumeaux pour un nouveau jeu de balle.

Aussitôt, Xbalanque demanda à tous les animaux de lui apporter leur nourriture. Certains apportèrent des denrées avariées, d'autres, des feuilles et de l'herbe. Finalement, le coati arriva avec une grosse courge. Xbalanque s'en servit pour faire une nouvelle tête à Hunahpu, et tous deux partirent pour le terrain de jeu de balle.

LE DERNIER JEU DE BALLE

Les seigneurs du monde souterrain entamèrent la partie en lançant la vraie tête de Hunahpu en guise de balle. La première fois que Xbalanque la toucha, il la frappa si fort qu'elle rebondit hors du terrain, jusque dans la chênaie voisine. Les jumeaux avaient auparavant ordonné à un lapin de se cacher parmi les arbres. L'animal surgit

L'INFRAMONDE MAYA

Dans la mythologie maya, le monde inférieur était appelé Xibalba. Ce « lieu de la peur » est décrit dans le *Popol Vuh* comme une sombre et lugubre région souterraine, sur laquelle régnaient douze dieux de la mort, les seigneurs de Xibalba. Les plus puissants de ces dieux étaient Un-Mort et Sept-Mort, les dix autres étant des démons aux noms tels que Démon-Jaunisse, Sceptre-Crâne, Collecteur de Sang et Seigneur du Coup de Poignard. Chacun présidait à diverses formes de souffrances humaines, telles que la maladie, la famine, la peur et la douleur. La route de Xibalba était parsemée d'obstacles pour les âmes des défunts. Une fois à Xibalba, de nouvelles terreurs attendaient dans les six lieux infernaux qu'étaient la maison des Ténèbres et celles des Couteaux, du Froid, des Jaguars, du Feu et des Chauves-Souris.

alors pour faire distraction. Trompés par cette irruption, les seigneurs se lancèrent à sa poursuite, croyant qu'il s'agissait de la balle. Pendant ce temps, Xbalanque récupéra la vraie tête de Hunahpu et l'échangea avec la courge.

Lorsque les seigneurs revinrent, le jeu reprit, avec cette fois la courge pour balle. Après quelques coups, la courge se fendit et ses graines se répandirent. Une fois encore, les seigneurs avaient été dupés par les jumeaux.

VICTOIRE SUR L'INFRAMONDE

Bien que victorieux, les jumeaux savaient que les seigneurs du mode inférieur n'auraient de cesse de les avoir tués. Peu après, les seigneurs invitèrent les jumeaux à un grand festin autour d'un feu de joie. Les seigneurs mirent les jumeaux au défi de sauter par-dessus le feu. Sachant bien que les seigneurs ne voulaient que leur mort, les jumeaux sautèrent courageusement dans le feu et furent brûlés vifs.

Ivres de joie, les seigneurs de Xibalba sifflèrent et crièrent. « Enfin, nous les avons défaits ! Ils se sont rendus ! » s'exclamèrent-ils.

Les seigneurs pilèrent alors les os calcinés des jumeaux et les jetèrent dans la rivière. Mais, au lieu de partir à la dérive, les os tombèrent au fond et, cinq jours plus tard, les jumeaux reparurent sous la forme de deux gros poissons. Dès le lendemain, ils étaient de retour à Xibalba, déguisés en pauvres bateleurs vêtus de haillons.

Les seigneurs de Xibalba eurent vent des merveilleuses danses de deux artistes inconnus et les firent venir à leur palais. Après leurs danses, les jumeaux exécutèrent plusieurs tours de magie. Ils commencèrent par sacrifier un chien avant de le ramener à la vie, puis ils détruisirent le palais des seigneurs par un incendie avant de la rendre à son état initial.

C'est ainsi que par la ruse, les jumeaux héroïques conquirent les enfers. Mais, avant de quitter Xibalba, ils avaient encore une tâche à accomplir. Ils trouvèrent les restes de leur père et de leur oncle, rendirent son intégrité au corps de l'un et de l'autre. Ils leur dirent qu'ils devaient rester à Xibalba, mais qu'ils seraient toujours honorés. Enfin, Xbalanque et Hunahpu s'élevèrent vers le ciel, et c'est alors qu'ils devinrent le Soleil et la Lune.

Page ci-contre : relief en terre cuite du dieu solaire maya, découvert sur le mur d'une pyramide de Campêche, au Mexique. Dans le *Popol Vuh*, les jumeaux héroïques montent au ciel pour devenir le Soleil et la Lune.

Aztèques et Mayas : chronologie

v. 1800 av. J.-C.-250 apr. J.-C.
Apogée de la période préclassique de la civilisation maya. Diffusion de l'agriculture, croissance démographique, apparition de villes.

v. 1200-400 av. J.-C.
Épanouissement dans les basses plaines du centre-sud du Mexique de la civilisation olmèque, la première peut-être de l'hémisphère occidental à avoir mis au point un système d'écriture.

v. 1000 av. J.-C.
Les premiers agriculteurs mayas se seraient établis dans de petits villages dans la région du Petén, dans les plaines du nord du Guatemala.

v. 600-400 av. J.-C.
Les Mayas édifient leurs premiers grands temples-pyramides.

v. 400 av. J.-C.-650 apr. J.-C.
La grande cité de Monte Alban, centre de la civilisation zapotèque, prospère dans le sud du Mexique. Elle compte des pyramides à degrés, des temples, des tombeaux et un terrain de jeu de balle.

v. 200-300 av. J.-C.
Premières inscriptions en écriture maya.

v. 250-900 apr. J.-C.
Apogée de la période classique de la civilisation maya. La culture maya a pour foyer les plaines couvertes de forêts pluviales du Guatemala. Les Mayas fondent leurs plus grandes cités, dont Tikal au Guatemala et Copán au Honduras. Ils font des avancées stupéfiantes dans le domaine des arts et dans celui des sciences, et érigent des stèles pour y consigner des événements.

v. 550-900 apr. J.-C.
Les Mayas établissent la cité de Chichén Itzá, dont les ruines se dressent encore dans la péninsule du Yucatán, au Mexique.

615-683 apr. J.-C.
Pacal le Grand règne sur la grande cité maya de Palenque. Son tombeau sera découvert en 1949.

v. 700-900 apr. J.-C.
Déclin de la culture maya ; de nombreuses villes des plaines sont abandonnées, en raison sans doute d'une combinaison de facteurs tels que surpopulation, épidémies, mauvaises récoltes, guerres, etc.

v. 900 apr. J.-C.
Début de la période postclassique de la civilisation maya. Les villes des plaines ont été délaissées, de nouvelles cités sont construites dans le Yucatán, au Mexique et sur les hauts plateaux au Guatemala. Chichén Itzá, dans le Yucatán, devient la plus puissante des cités mayas.

v. 900-1187 apr. J.-C.
La civilisation toltèque prospère autour de la cité appelée Tollan par les Aztèques.

v. 1200-1300
Les Aztèques accomplissent une migration d'un siècle vers le sud, qui les mène d'Aztlan (région réelle ou mythique) jusqu'à la vallée de Mexico.

v. 1248
Les Aztèques s'installent à Chapultepec, colline des rives du lac Texcoco.

v. 1299
Les Aztèques sont chassés de Chapultepec ; le seigneur de Culhuacan les autorise à s'établir sur son territoire.

1323
Les Aztèques demandent sa fille au seigneur de Culhuacan, puis la sacrifient à leurs dieux. Ils sont aussitôt expulsés.

1325
Contraints de fuir, les Aztèques gagnent une petite île du lac Texcoco et entreprennent d'y bâtir leur ville de Tenochtitlan, qui finira par compter 200 000 habitants.

1376
Les Aztèques élisent leur premier empereur, Acamapichtli, qui régnera jusqu'en 1395.

1428
La Triple Alliance aztèque est constituée par les trois cités de Tenochtitlán, Texcoco et Tlacopan. Cette alliance dominera la région de la Vallée de Mexico jusqu'à la conquête espagnole, un siècle plus tard.

1428-1440
Itzcoatl, premier empereur de la Triple Alliance, entreprend d'agrandir les territoires de l'alliance vers le sud.

1440-1469
Moctezuma Ier, poursuit l'expansion de l'Empire aztèque. Sous son règne, Huitzilopochtli devient le plus

1473
Les Aztèques de Tenochtitlán conquièrent la cité voisine de Tlatelolco et réalisent l'unité de ces deux États.

v. 1502-1520
Règne de Moctezuma II. Lors de son accession au trône impérial, l'Empire aztèque est à l'apogée de sa puissance et de son expansion.

1519
Arrivée au Mexique des Espagnols commandés par Hernán Cortés. Celui-ci atteint la capitale aztèque, Tenochtitlán, en novembre.

1520
Moctezuma, détenu par les Espagnols, est tué – peut-être par une pierre lancée par l'un de ses propres sujets.

1521
Tenochtitlán, assiégée par les Espagnols, finit par tomber. En août, le dernier empereur aztèque, Cuauhtémoc, se rend à Cortés.

1697
En soumettant le dernier État maya indépendant, Tayasal, les Espagnols parachèvent leur conquête des territoires mayas.

GLOSSAIRE

Archéologue Spécialiste de l'étude des cultures humaines du passé, au travers de l'analyse de l'architecture, des objets fabriqués et d'autres vestiges.

Aztlan Le « lieu des Hérons », d'où provenaient les Aztèques, se situait peut-être dans le nord du Mexique, à moins qu'il ne se soit agi d'un lieu mythique.

Chac Dieu maya de la pluie.

Chalchiuhtlicue Déesse aztèque des océans, des rivières et de l'est.

Chinampa Île créée par les Aztèques dans le lac Texcoco pour y pratiquer l'agriculture.

Coatlicue Déesse aztèque de la Terre, mère de Huitzilopochtli.

Codex Livre (assemblage de feuilles pliées en accordéon) réalisés par les Aztèques et les Mayas avant et après la conquête espagnole.

Glyphes Symboles picturaux stylisés, utilisé par les Aztèques et les Mayas (à la place de lettres) pour représenter des mots, des objets et des idées.

Gucumatz Dieu maya de l'océan, créateur du monde avec Huracán.

Jumeaux héroïques Dans la mythologie maya, dieux jumeaux qui, après avoir vaincu les seigneurs de la mort dans l'inframonde, deviennent le Soleil et la Lune.

Huitzilopochtli Dieu aztèque du Soleil et de la guerre, qui mena les Aztèques à Tenochtitlán.

Hunahpu Dans la mythologie maya, l'un des jumeaux héroïques.

Huracan Dieu maya, créateur du monde avec Gucumatz.

Itzamna Dieu majeur des Mayas, maître des cieux, du jour et de la nuit.

Ix Chel Déesse maya de la Lune, épouse d'Itzamna.

Jeu de balle sacré Sport nécessitant une grande énergie, pratiqué tant par les Aztèques que les Mayas, et qui revêtait une grande importance religieuse.

Mésoamérique Région habitée par les Aztèques et les Mayas, s'étendant du centre du Mexique (au nord) jusqu'au nord de l'Amérique centrale (au sud).

Mictlan L'inframonde (enfer) aztèque.

Mictlantecuhtli Dieu aztèque des morts, seigneur de Mictlan.

Nanahuatzin Dieu aztèque qui devint le Cinquième Soleil.

Ometeotl Dieu créateur suprême des Aztèques.

Popol Vuh « Livre de la Communauté » des Mayas quiché du Guatemala, qui s'ouvre sur le mythe de la création maya, suivi de récits ayant pour protagonistes les Jumeaux héroïques.

Quetzal Oiseau de la forêt pluviale prisé en Mésoamérique pour ses magnifiques plumes.

Quetzalcóatl Dieu aztèque du vent et de l'ouest.

Stèle Grande dalle de pierre dressée par les Mayas et gravée d'inscriptions figurant des détails des guerres et autres événements de la vie des seigneurs.

Tecuciztecatl Dieu aztèque qui devint la Lune, lors du Cinquième Soleil.

Tenochtitlán Capitale de l'Empire aztèque, construite sur une île du lac Texcoco en 1325 ; site de l'actuelle Mexico.

Teotihuacan Ancienne cité sise à environ 40 km au nord-est de Tenochtitlán.

Texcoco (lac) Lac du Mexique qui couvrait une grande portion de la vallée de Mexico. Il fut asséché après la conquête espagnole.

Tezcatlipoca Dieu aztèque de la nuit et du nord.

Tlaloc Dieu aztèque de la pluie, de la fécondité et du sud.

Tollan Capitale de la civilisation toltèque, également connue sous le nom de Tula.

Toltèques Civilisation belliqueuse qui domina la Mésoamérique entre 900 et 1200 apr. J.-C. environ.

Tribut Taxes sous la forme de récoltes et de biens divers que devaient payer les villes conquises par l'empereur aztèque.

Xbalanque Dans la mythologie maya, l'un des jumeaux héroïques.

Xibalba L'inframonde (enfer) maya.

Xipe Totec Dieu aztèque du printemps et du renouveau de la nature.

Xiuhtecuhtli Dieu aztèque du feu, régnant sur le Cinquième Soleil.

Xochiquetzal Déesse aztèque de la Terre, de l'amour, de la beauté et du tissage.

Yum Caax Dieu maya de l'agriculture, et en particulier du maïs.

Pour plus d'informations

OUVRAGES

On trouvera ci-après une sélection d'ouvrages pour les lecteurs qui souhaiteraient en savoir plus :

AIMI Antonio, *Les Mayas et les Aztèques,* col. Guide des arts, Hazan, 2009.

ASTURIAS Miguel Angel, *Légendes du Guatemala,* Folio, Gallimard, 1985.

BAUDEZ Claude-François, *Les Mayas,* col. Guide des civilisations, Belles Lettres, 2004.

BERNAL Ignacio, SIMONI-ABBAT Mireille, BAUDEZ Claude-François et BECQUELIN Pierre, *Le Monde précolombien : Le Mexique des origines aux Aztèques,* col. L'univers des formes, Gallimard, 1986.

DE DURAND-FOREST Jacqueline, *Les Aztèques,* col. Guide des civilisations, Belles Lettres, 2008.

DEMAREST Arthur Andrew, DURAN Simon et CANAL Denis-Armand, *Les Mayas : Grandeur et chute d'une civilisation,* Tallandier, 2007.

GRAULICH Michel, *Le Sacrifice humain chez les Aztèques,* Fayard, 2005.

LEE FOX John, *Les Prophéties mayas,* Exclusif, 2009.

LEPONT Bertrand, *Le Calendrier sacré des Mayas, Lecture du temps dans la cosmovision maya,* Dangles, 2002.

LOPEZ LUJAN Leonardo, FAUVET Marie-France et MARTIN Stéphane, *Aztèques, La collection des sculptures du Quai Branly,* Musée du Quai Branly, 2005.

OWUSU Heike, *Les Symboles des Incas, des Mayas et des Aztèques,* Guy Trédaniel, 2001.

PRESCOTT Whilliam H., *Aztèques et Incas, Grandeur et décadence de deux empires fabuleux,* Pygmalion, 2007.

ROUSSELET Michel, *Les Mathématiques de l'Amérique pré-colombienne : les Mayas, les Aztèques et les Incas,* Archimède, 2005.

SOUSTELLE Jacques, *Les Aztèques, À la veille de la conquête espagnole,* col. Pluriel, Hachette Littératures, 2008.

SOUSTELLE Jacques, *Les Quatre Soleils, Souvenirs et réflexions d'un ethnologue au Mexique,* col. Bibliothèque Terre Humaine, CNRS, 2009.

SELLIER Jean, DE BRUN Bertrand, LE FUR Anne, *Atlas des peuples d'Amérique,* col. Atlas des peuples, Éditions de la découverte, 2005.

SOUSTELLE Jacques, DE DURAND-FOREST Jacqueline, BAUDOT Georges, *Mille ans de civilisations mésoaméricaines : des Mayas au Aztèques, La Quête du Cinquième Soleil,* L'Harmattan, 2000.

SOUSTELLE Jacques, DE DURAND-FOREST Jacqueline, BAUDOT Georges, CHAUNU Pierre, *Mille ans de civilisations mésoaméricaines : des Mayas au Aztèques, Danse avec les dieux,* L'Harmattan, 2000.

MUSÉES

British Museum, Londres
www.thebritishmuseum.ac.uk
Une fantastique collection d'objets aztèques et mayas, incluant des codex et des sculptures.

Muséum national d'anthropologie, Mexico
www.mexicocity.com.mx
Une grande partie des objets mis au jour par les fouilles de Mexico depuis le XVIIIe siècle.

Museo del Templo Mayor, Mexico
http://aztlan.inah.gob.mx:8080/teopantli/index.html
Situé dans la zone de fouilles archéologiques de Mexico, ce musée est composé de salles immenses exposant le matériel excavé du site du Great Temple de Tenochitlan.

Musée Popol Vuh, Guatemala
www.popolvuh.ufm.edu.gt
Une importante collection d'art et d'objets mayas, incluant de nombreuses représentations animales dans l'art maya.

Musée de Copan, Copan, Honduras
www.maya-archaeology.org/museums/copan/copan.html
Art et objets de Copan, incluant une visite virtuelle d'un terrain de jeu de balle sacré.

INDEX

Crédits photographiques

Sources : AA = Art Archive ; **WFA** = Werner Forman Archive ; **BAL** = Bridgeman Art Library

b = bas ; c = centre ; h = haut ; g = gauche ; d = droite

Couverture : haut Art Archive ; **bas** Corbis/Ulises Ruiz/EPA
Quatrième : haut Bridgeman Art Library ; **bas** Werner Forman Archive

Pages : 1 Corbis/Alison Wright ; **2-3** Corbis/Jan Butchofsky-Houser ; **7** WFA/British Museum, London ; **10** Corbis/Jose Fuste Raga ; **13** WFA/National Museum of Anthropology, Mexico ; **15** WFA/British Museum ; **16** WFA/Liverpool Museum ; **18(h)** AA/National Archives Mexico/Mireille Vautier ; **18(b)** WFA/Museum Fur Volkerkunde, Berlin ; **19(h)** WFA/British Museum ; **19(b)** AA/Dagli Orti/Museo Del Templo Mayor, Mexico ; **21** Corbis/Jorge Gonzalez/EPA ; **23** AA/Dagli Orti/Museo del Templo Mayor ; **25** akg-images/Bibliotheque Nationale, Paris ; **26** WFA/National Museum of Anthropology ; **29** Corbis/Dagli Orti ; **30(g)** AA/Eileen Tweedy/British Museum ; **30(d)** AA/Dagli Orti/National Anthropological Museum, Mexico ; **32** Corbis/EPA/Ulises Ruiz ; **35** AA/Dagli Orti/National Anthropological Museum ; **36** AA/Dagli Orti/Museo del Templo Mayor, Mexico ; **37** AA/Dagli Orti/National Anthropological Museum ; **39-40(h)** AA/Dagli Orti/Museo Cuidad Mexico ; **40(h)** WFA/N.J. Saunders ; **41(h)** akg-images ; **41(b)** BAL/Private collection ; **43** WFA/Bilblioteca Universitaria, Bologna ; **44** Corbis/Gianni Dagli Orti ; **46** BAL/Museo Degli Argenti, Palazzo Pitti, Florence ; **47(h, b)** Lord Price Collection ; **49** AA ; **50** BAL/Boltin Picture Library ; **52** Getty Images/National Geographic ; **55** WFA/N.J. Saunders ; **56-57** Corbis/Alison Wright ; **58(h)** WFA/David Bernstein, New York ; **58(b)** WFA/N.J. Saunders ; **59(h)** AA/Dagli Orti/Archaelogical & Ethnological Museum, Guatemala City ; **59(b)** Corbis/Yann Arthus-Bertrand ; **61** Corbis/Gianni Dagli Orti ; **63(g)** WFA/Edward H. Merrin Gallery, New York ; **63(d)** BAL/Private Collection ; **64** WFA/Museum Fur Volkerkunde, Berlin ; **65(h)** Corbis/Sygma ; **65(b)** Getty Images/Panoramic Images ; **67** WFA/Private Collection, New York ; **68-69** Corbis/Werner Forman ; **70** Corbis/Hans Georg Roth ; **73** BAL/Museum of Fine Arts, Houston, Texas ; **74** Corbis/Frans Lanting ; **77** AA/Dagli Orti/Museo Del Polpol Vuh, Guatemala ; **79** AA/Dagli Orti/Campeche Regional Museum ; **80(h)** BAL ; **80(b)** WFA/Museum Fur Volkerkunde, Berlin ; **81(h)** Corbis/Macduff Everton ; **81(b)** Corbis/Ludovic Maisant ; **83** BAL/Museum of Fine Arts, Boston, Mass ; **84** AA/Dagli Orti/Palenque Site Museum Chiapas ; **86** AA/Dagli Orti/National Anthropological Museum, Mexico ; **88** AA/Nicolas Sapieha